발 행 일	2021년 04월 23일 (1판 1쇄)
개 정 일	2023년 08월 14일 (1판 14쇄)
I S B N	978-89-8455-033-9(13000)
정 가	10,000원

집 필	KIE 기획연구실
진 행	김동주
본문디자인	디자인앨리스

발 행 처	(주)아카데미소프트
발 행 인	유성천
주 소	경기도 파주시 정문로 588번길 24
홈 페 이 지	www.aso.co.kr / www.asotup.co.kr

※ 이 책은 저작권법에 따라 보호를 받는 저작물이므로 무단 전재와 무단 복제를 금지하며, 이 책 내용의 전부 또는 일부를 이용하려면 반드시 ㈜아카데미소프트의 서면동의를 받아야 합니다.

 **나의 타자 실력을 기록해보세요!**

구분	날짜	오타수	정확도	확인란	구분	날짜	오타수	정확도	확인란
1	월 일				13	월 일			
2	월 일				14	월 일			
3	월 일				15	월 일			
4	월 일				16	월 일			
5	월 일				17	월 일			
6	월 일				18	월 일			
7	월 일				19	월 일			
8	월 일				20	월 일			
9	월 일				21	월 일			
10	월 일				22	월 일			
11	월 일				23	월 일			
12	월 일				24	월 일			

이런 내용으로 구성되어 있어요!

배울 내용 미리보기
각 차시별로 배울 내용을 만화로 미리 확인할 수 있어요.

창의력 플러스
본문 학습 내용과 관련된 다양한 형태의 문제들을 스스로 해결하면서 창의력을 높일 수 있어요.

본문 따라하기
파워포인트 2016의 여러 가지 기능들을 체계적으로 학습할 수 있도록 구성되어 있어요.

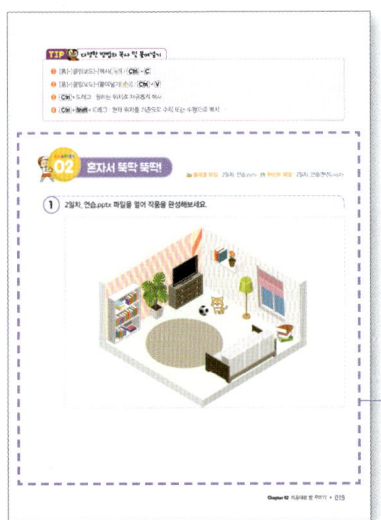

혼자서 뚝딱 뚝딱
앞에서 배운 내용을 다시 한 번 복습할 수 있도록 문제를 제공해요.

목차

CHAPTER 01 나만의 캐릭터 만들기 — 006

CHAPTER 02 마음대로 방 꾸미기 — 014

CHAPTER 03 지붕 집 만들기 — 020

CHAPTER 04 옷 디자인하기 — 026

CHAPTER 05 즐거운 우리집 만들기 — 032

CHAPTER 06 부엉이 배경 만들기 — 038

CHAPTER 07 컴퓨터의 구성 장치 알아보기 — 044

CHAPTER 08 단원 종합 평가 문제 — 050

CHAPTER 09 윙크하는 캐릭터 만들기 — 052

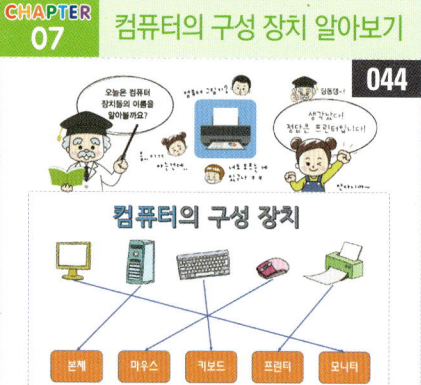

CHAPTER 10 다람쥐 동시 꾸미기 — 058

CHAPTER 11 일러스트 앨범 만들기 — 064

CHAPTER 12 우쿨렐레 만들기 — 070

CHAPTER 01 나만의 캐릭터 만들기

학습목표

- 이미지를 복사하고 이동해봅니다.
- 도형을 삽입하고 색상을 변경하여 캐릭터를 완성합니다.

📁 불러올 파일 : 1일차.pptx   📁 완성된 파일 : 1일차(완성).pptx

창의력 플러스

1. 우리는 여러 가지 상황에서 모두 다른 감정을 느껴요. 내가 가장 기쁠 때가 언제인지 생각해 보고 간단하게 적어보세요.

   > 예) 아빠가 퇴근할 때, 같이 놀 수 있어서 좋아요.

2. 반대로 내가 가장 슬플 때가 언제인지 생각해보고 간단하게 적어보세요.

   > 예) 먹기 싫은 반찬을 먹어야할 때, 힘들어요.

3. 아래 동물 탈을 쓴 친구들의 감정을 읽어보고, 어울리는 얼굴 표정을 그려보세요.

01 이미지를 복사하여 크기와 위치 조절하기

① [PowerPoint 2016]을 실행한 후 '새 프레젠테이션'을 클릭합니다.

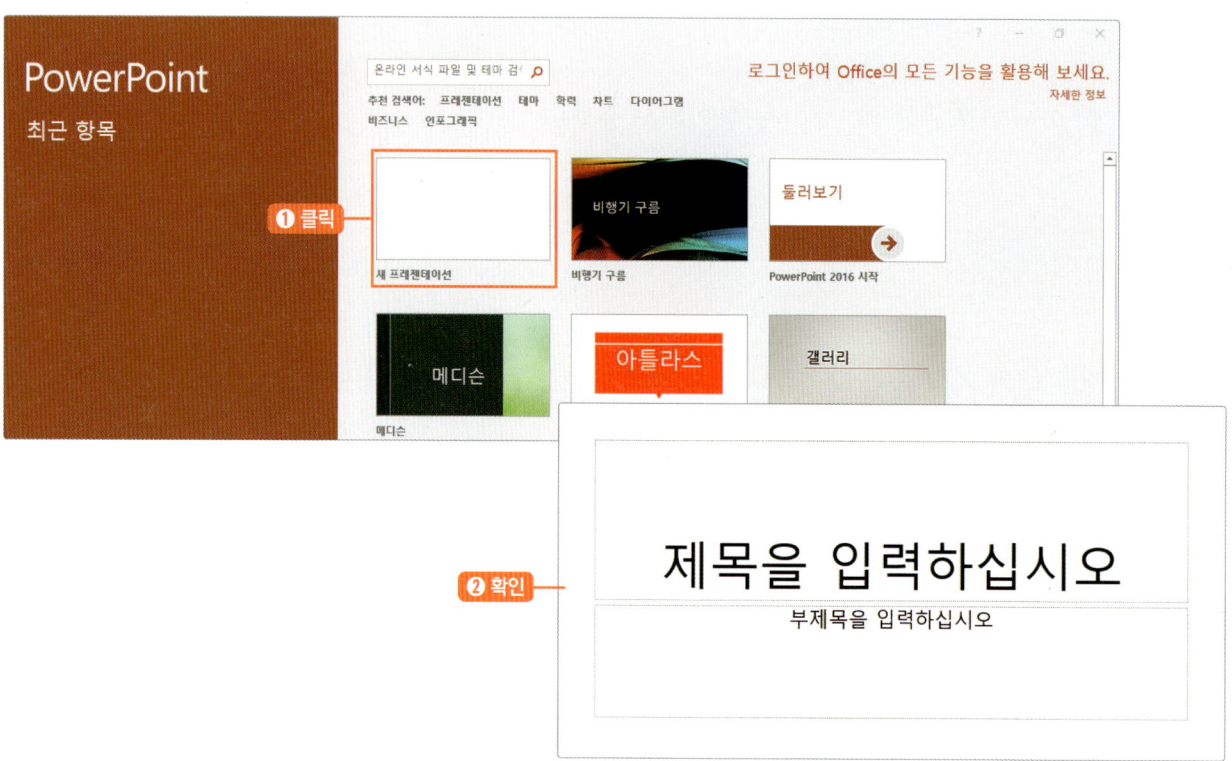

② [파일]-[열기]-[찾아보기]를 클릭합니다. 이어서, [1일차]-'1일차.pptx'를 선택한 후 <열기> 단추를 클릭하여 파일을 불러옵니다.

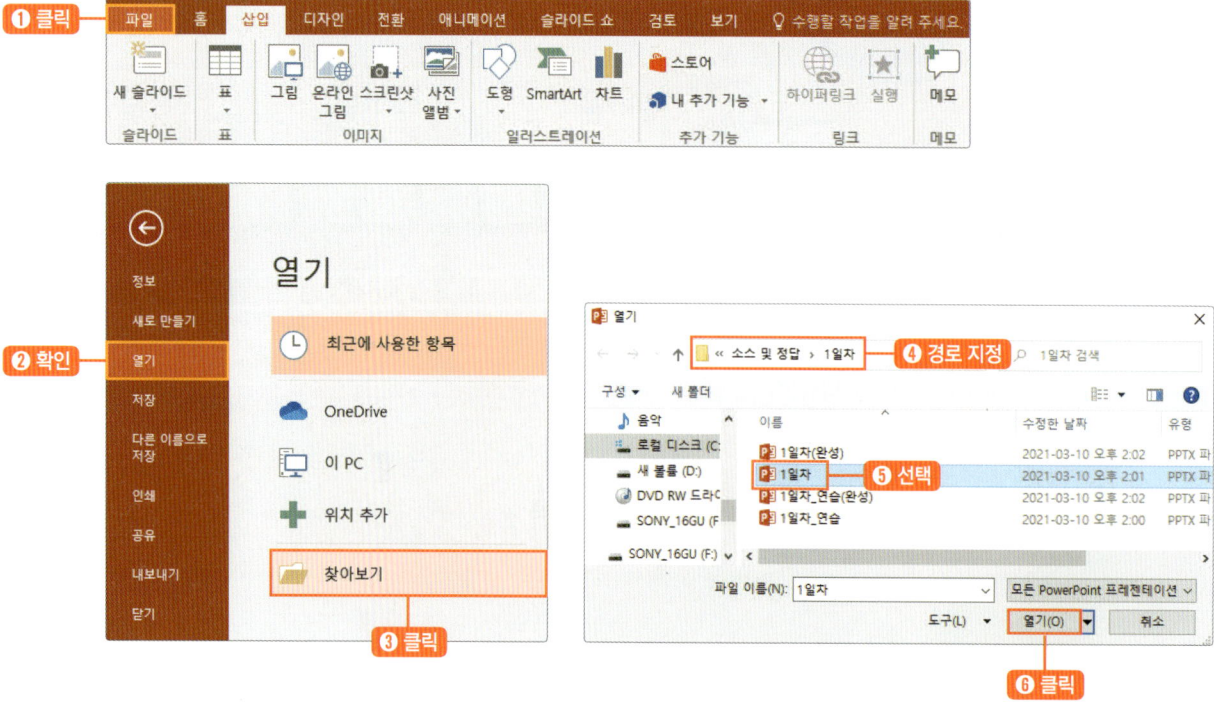

❸ 오른쪽 아이템에서 Ctrl 키를 누른 채 원하는 머리 모양을 드래그합니다.

※ Ctrl 키를 누른 채 도형이나 이미지 등을 드래그하여 '복사'할 수 있어요.

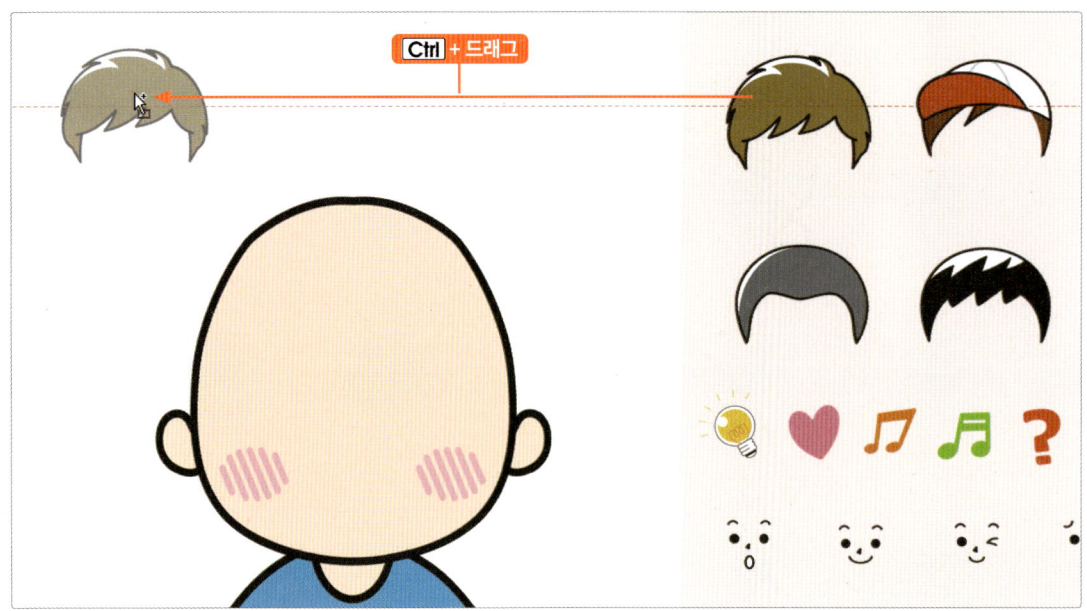

❹ 조절점(○)을 드래그하여 크기를 조절한 후 그림과 같이 위치를 변경합니다.

⑤ 오른쪽 아이템에서 Ctrl 키를 누른 채 원하는 얼굴 표정을 드래그합니다. 이어서, 조절점(○)을 드래그하여 크기를 조절한 후 그림과 같이 위치를 변경합니다.

  ※ 키보드 방향키(↑, ↓, ←, →)를 이용하면 세밀하게 조절할 수 있어요.

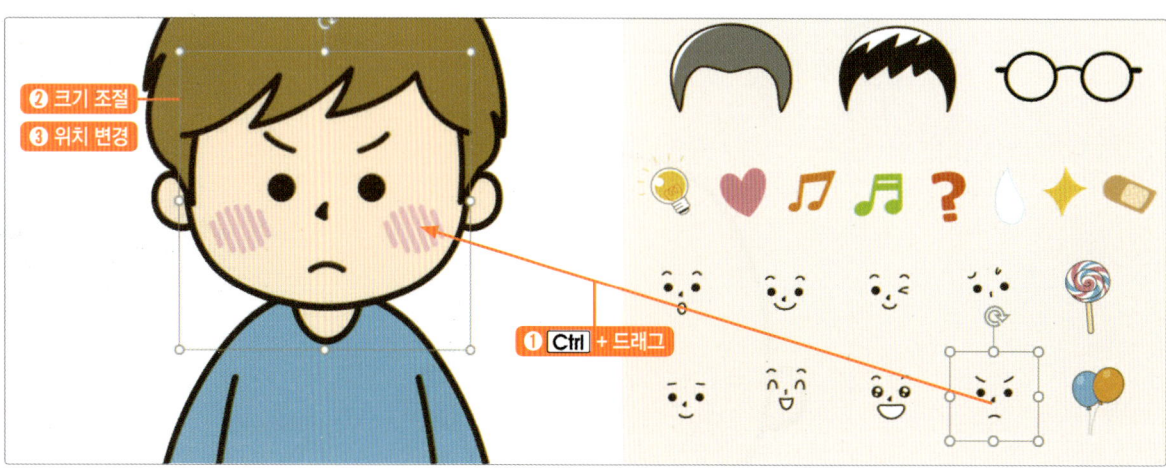

⑥ 오른쪽 아이템에서 Ctrl 키를 누른 채 원하는 안경을 드래그합니다. 이어서, 조절점(○)을 드래그하여 크기를 조절한 후 위치를 변경합니다.

⑦ 같은 방법으로 원하는 아이템을 복사하여 크기를 조절한 후 위치를 변경합니다.

  ※ Esc 키를 누르면 모든 개체의 선택을 해제할 수 있어요.

 **도형을 삽입하고 색상 변경하기**

① 옷에 예쁜 모양을 넣기 위해 [삽입]-[일러스트레이션]-[도형( )]에서 [기본 도형]-[달( )]을 선택합니다.

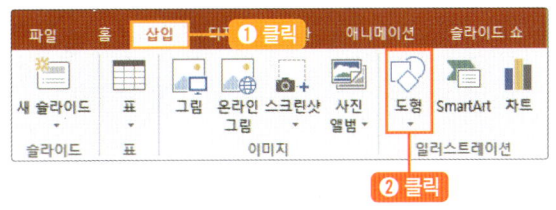

② 마우스 포인터가 '+' 모양으로 변경되면 드래그하여 도형을 삽입합니다.

③ 회전점( )을 오른쪽 아래 방향으로 드래그하여 도형을 회전합니다.
   ※ Shift 키를 누른 채 회전점( )을 드래그하면 회전 작업이 편리해요.

④ 이어서, 조절점(o)을 드래그하여 크기를 조절한 후 그림과 같이 위치를 변경합니다.

⑤ 도형의 색상을 바꾸기 위해 [서식]-[도형 스타일]-[도형 채우기]를 클릭하여 원하는 색상을 선택한 후 Esc 키를 누릅니다.

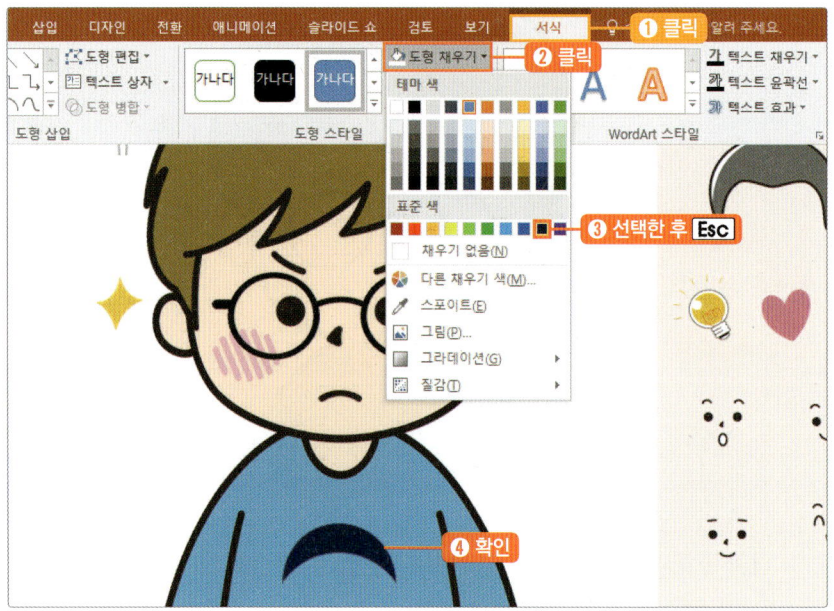

혼자서 뚝딱 뚝딱!

📁 **불러올 파일** : 1일차_연습.pptx   📁 **완성된 파일** : 1일차_연습(완성).pptx

1 1일차_연습.pptx 파일을 열어 작품을 완성해보세요.

TIP 그림의 배치 순서를 변경하고 싶어요!

그림이 특정 개체의 뒤쪽으로 배치되어 선택되지 않거나 보이지 않을 경우에는 해당 개체 위에서 마우스 오른쪽 버튼을 눌러 [맨 앞으로 가져오기]를 선택합니다. 반대로 [맨 뒤로 보내기]를 선택하면 그림을 뒤쪽으로 보낼 수 있습니다.

CHAPTER 02 마음대로 방 꾸미기

학습목표

- 도형 안에 그림을 채워봅니다.
- 다양한 복사 기능을 이용하여 방을 꾸며봅니다.

📁 불러올 파일 : 2일차.pptx   📁 완성된 파일 : 2일차(완성).pptx

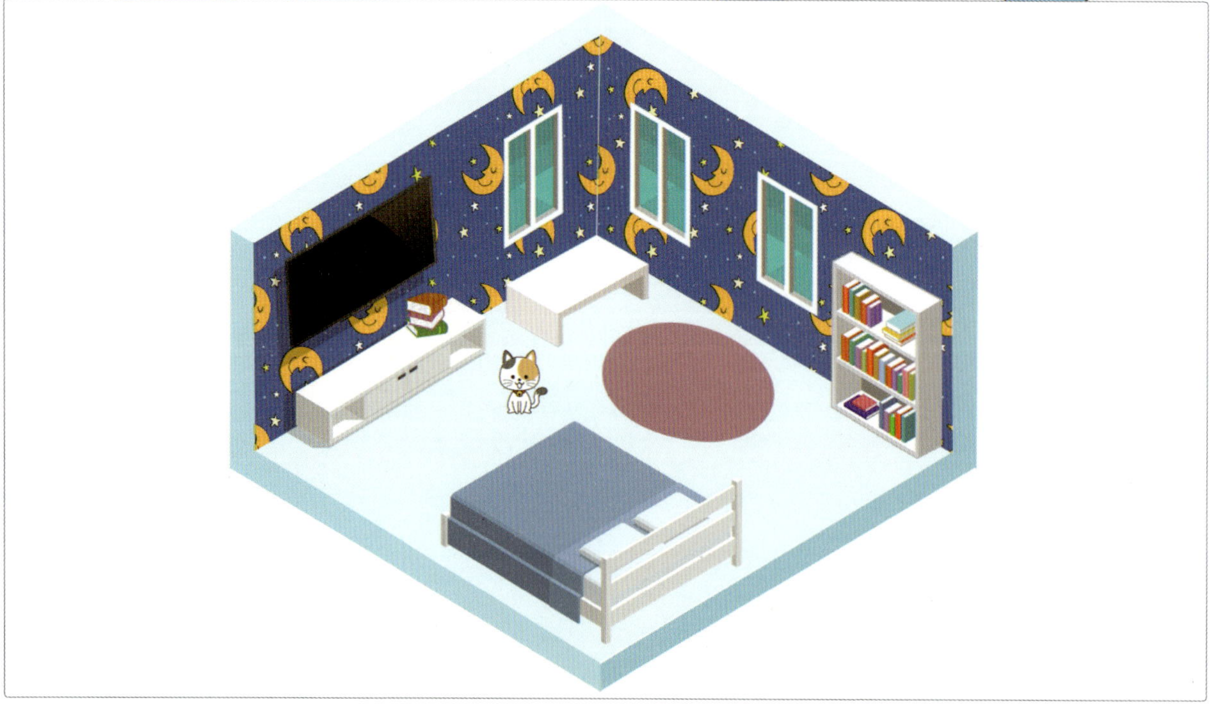

창의력 플러스

● 다음 물건들은 우리 집의 어떤 장소에 위치하는 것이 좋을지 선택해보세요!

☐거실 ☐침실 ☐욕실   ☐거실 ☐침실 ☐욕실   ☐거실 ☐침실 ☐욕실   ☐거실 ☐침실 ☐욕실

☐거실 ☐침실 ☐욕실   ☐거실 ☐침실 ☐욕실   ☐거실 ☐침실 ☐욕실   ☐거실 ☐침실 ☐욕실

01 도형 안에 그림 채우기

① [PowerPoint 2016]을 실행한 후 '새 프레젠테이션'을 클릭합니다.

② [파일]-[열기]-[찾아보기]를 클릭합니다. 이어서, [2일차]-'2일차.pptx'를 선택한 후 <열기> 단추를 클릭하여 파일을 불러옵니다.

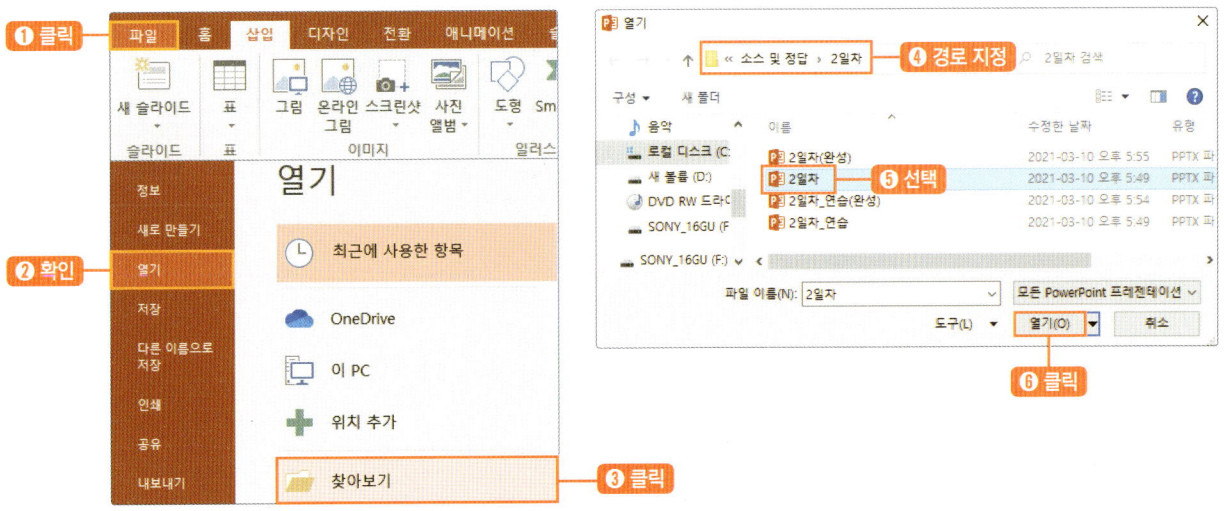

Chapter 02 마음대로 방 꾸미기 ● 015

❸ 왼쪽 벽에 그림을 채우기 위해 빠르게 세 번 클릭합니다.
※ 그룹으로 지정된 도형 중에서 특정 도형만 선택하려면 해당 도형을 빠르게 세 번 클릭해요.

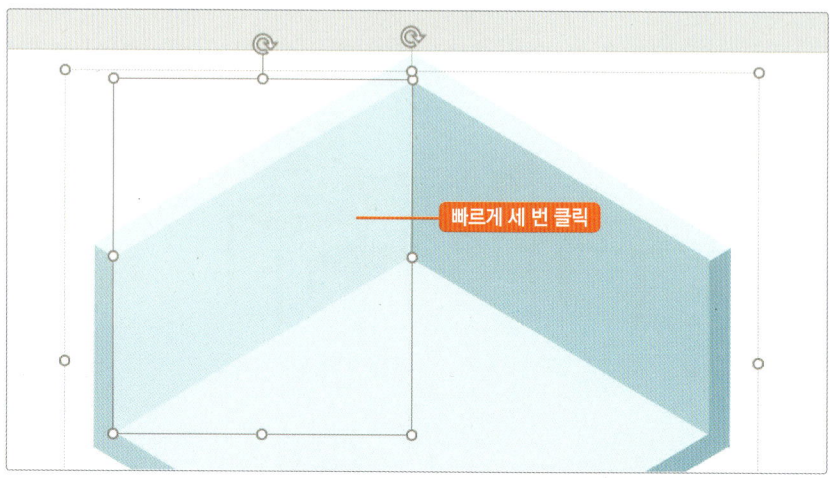

❹ [서식]-[도형 스타일]-[도형 채우기]를 클릭한 후 [그림()]을 선택합니다.

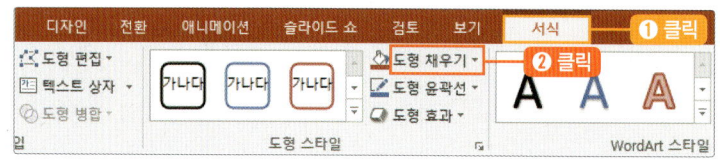

❺ <파일에서 찾아보기>를 클릭한 후 [2일차]에서 원하는 '벽지' 이미지를 선택합니다. 이어서, <삽입> 단추를 클릭합니다.
※ <삽입> 단추를 누르는 대신, '벽지 1.jpg' 파일을 더블 클릭해도 그림이 삽입돼요.

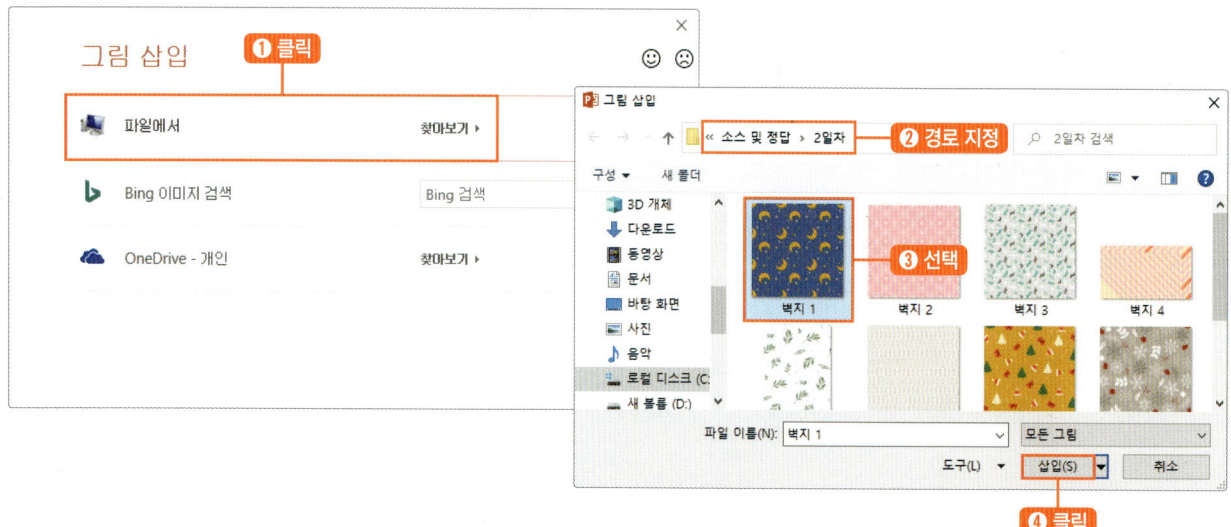

❻ Esc 키를 눌러 모든 선택을 해제한 후 삽입된 벽지를 확인합니다.

02 다양한 복사 방법 익히기

① 왼쪽 슬라이드 미리 보기 창의 [슬라이드 2]를 클릭합니다.

② 원하는 '창문' 이미지를 선택한 후 [홈]-[클립보드]-[복사( )]를 클릭합니다.
   ※ 복사 바로 가기 키 : Ctrl + C

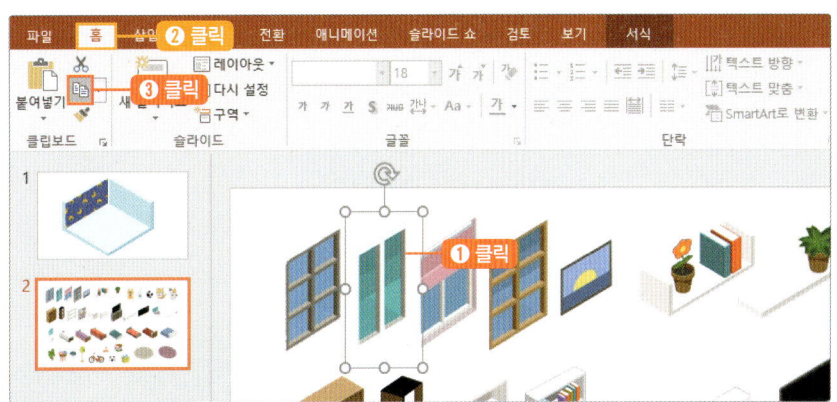

③ 왼쪽 슬라이드 미리 보기 창의 [슬라이드 1]을 선택한 후 [홈]-[클립보드]-[붙여넣기( )]를 클릭합니다. 이어서, 그림과 같이 창문의 위치를 변경합니다.
   ※ 붙여넣기 바로 가기 키 : Ctrl + V

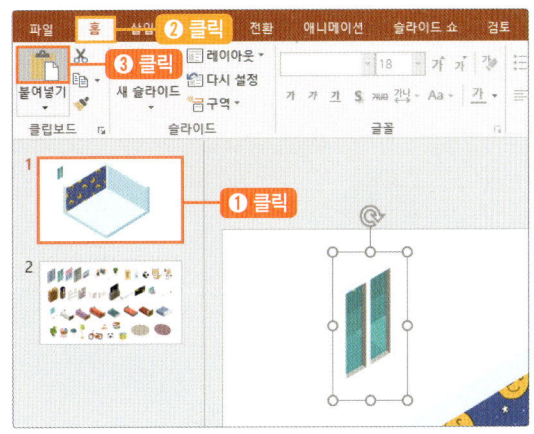 

Chapter 02 마음대로 방 꾸미기 • **017**

❹ Ctrl + Shift 키를 누른 채 창문을 오른쪽으로 드래그하여 복사합니다.

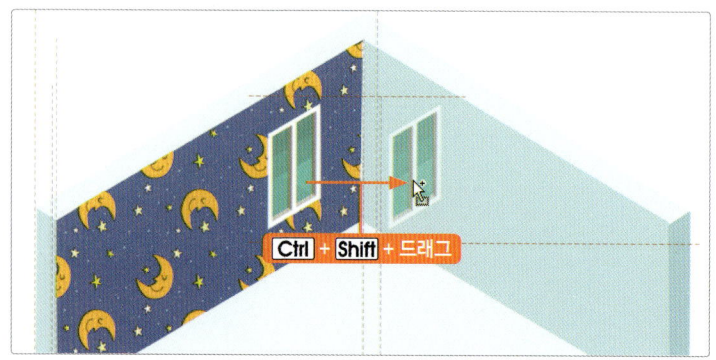

❺ [서식]-[정렬]-[회전( )]-[좌우 대칭( )]을 선택합니다.

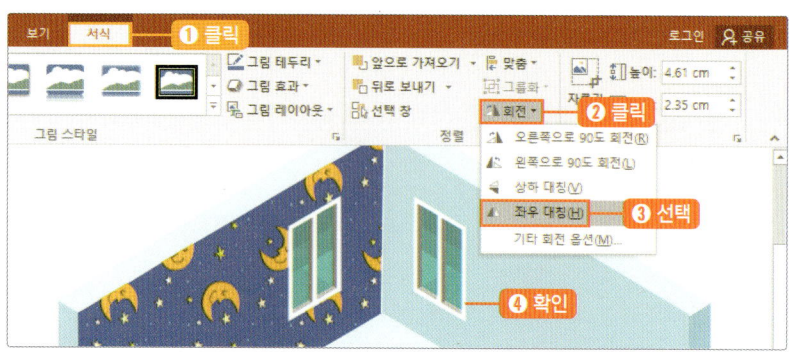

❻ 복사, 붙여넣기 기능을 이용하여 그림과 같이 예쁘게 방을 꾸며봅니다.
   ※ 크기 조절, 회전, 맨 뒤로 보내기, 좌우 대칭 등의 기능을 이용하여 다양하게 꾸며보아요

TIP 다양한 방법의 복사 및 붙여넣기

❶ [홈]-[클립보드]-[복사(📋)] / **Ctrl** + **C**

❷ [홈]-[클립보드]-[붙여넣기(📋)] / **Ctrl** + **V**

❸ **Ctrl** + 드래그 : 원하는 위치로 자유롭게 복사

❹ **Ctrl** + **Shift** + 드래그 : 현재 위치를 기준으로 수직 또는 수평으로 복사

CHAPTER 02 혼자서 뚝딱 뚝딱!

📂 **불러올 파일** : 2일차_연습.pptx   📄 **완성된 파일** : 2일차_연습(완성).pptx

1 2일차_연습.pptx 파일을 열어 작품을 완성해보세요.

CHAPTER 03 지붕 집 만들기

학 습 목 표

- 도형을 질감으로 채워봅니다.
- 곡선을 그리고 서식(윤곽선 색, 두께 등)을 변경하여 집을 완성합니다.

📁 불러올 파일 : 없음   📄 완성된 파일 : 3일차(완성).pptx

창의력 플러스

- 파워포인트의 '도형 채우기' 기능을 이용하여 도형에 여러 가지 색을 채울 수 있어요. 아래 그림은 어떤 색들의 조합과, 패턴으로 이루어져 있는지 보기 에서 찾아 개수를 적어보세요.

8 개 　　 개 　　 개 　　 개 　　 개 　　 개

01 도형을 삽입한 후 채우기 색상 변경하기

① 새 프레젠테이션을 열어 슬라이드 빈 곳 위에서 마우스 오른쪽 버튼을 클릭한 후 [레이아웃]-[빈 화면]을 선택합니다.

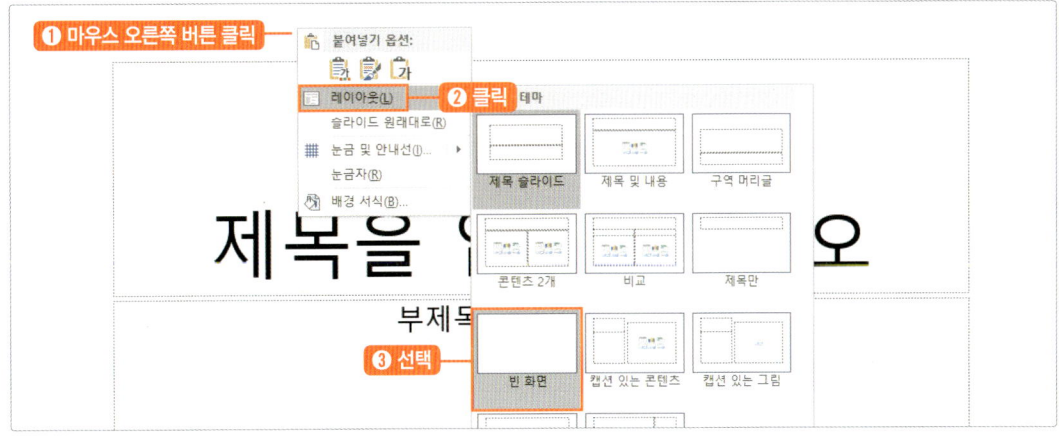

❷ [삽입]-[일러스트레이션]-[도형()]에서 [사각형]-[직사각형(□)]을 선택합니다. 이어서, 마우스 포인터가 '✚' 모양으로 변경되면 드래그하여 슬라이드 아래쪽에 도형을 삽입합니다.
　※ 도형의 크기와 위치는 아래 ❺번 그림을 참고하세요.

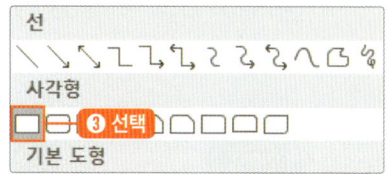

❸ [서식]-[도형 스타일]-[도형 채우기]에서 원하는 색상을 클릭합니다.

❹ 같은 방법으로 [삽입]-[일러스트레이션]-[도형()]에서 [사각형]-[직사각형(□)]을 선택하여 도형 안쪽에 삽입합니다.

❺ [서식]-[도형 스타일]-[도형 채우기]에서 원하는 색상을 선택합니다. 이어서, 그림과 같이 크기와 위치를 변경합니다.

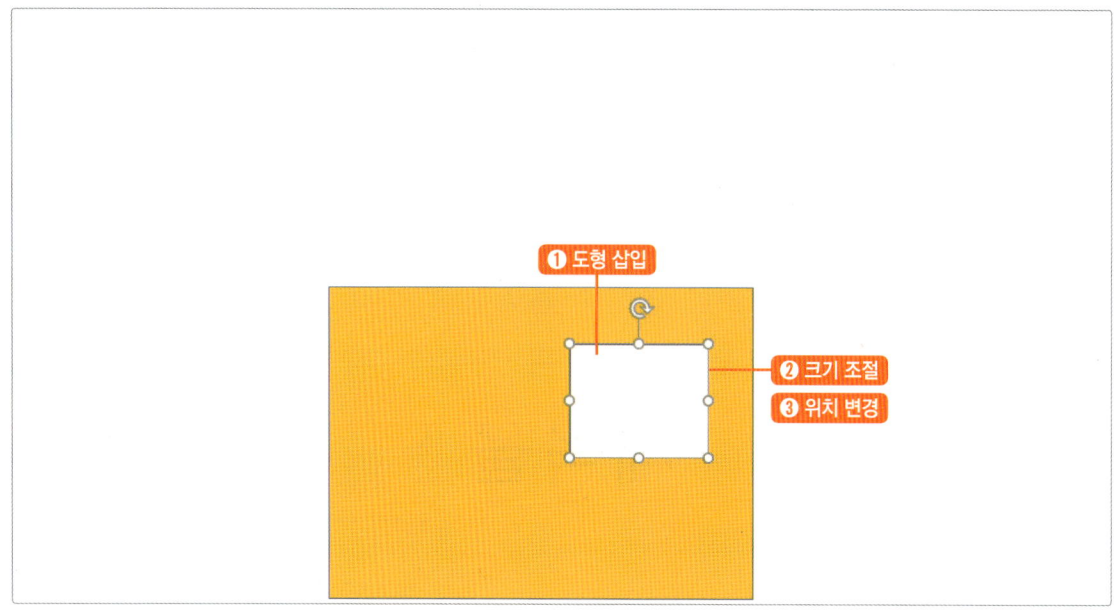

⑥ [삽입]-[일러스트레이션]-[도형()]에서 [기본 도형]-[이등변 삼각형(△)]을 선택하여 삽입합니다.

⑦ [서식]-[도형 스타일]-[도형 채우기]에서 원하는 색상을 선택합니다. 이어서, 그림과 같이 크기와 위치를 변경합니다.

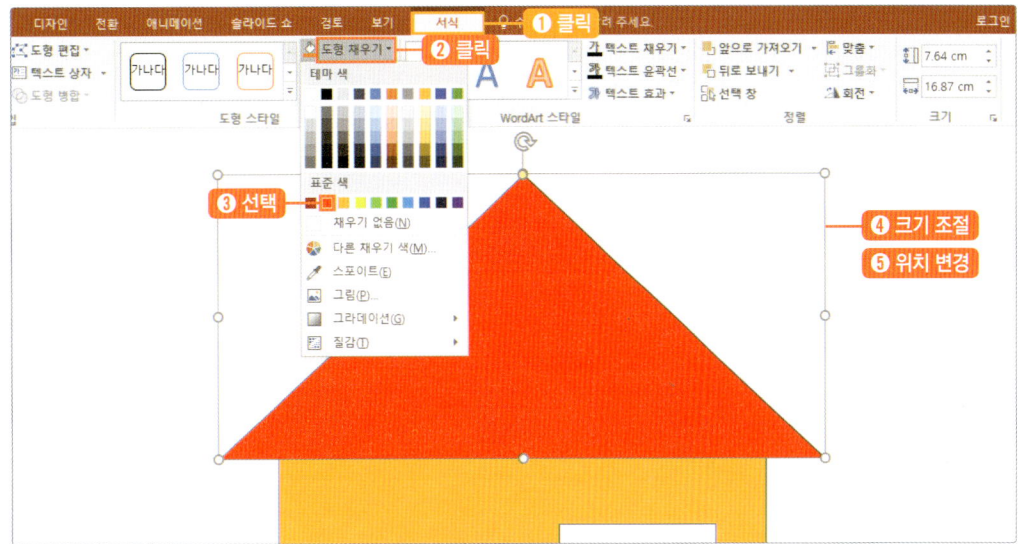

 도형을 삽입한 후 질감으로 채우기

① [삽입]-[일러스트레이션]-[도형(　)]에서 [사각형]-[직사각형(□)]을 선택하여 삽입합니다.

② [서식]-[도형 스타일]-[도형 채우기]-[질감(　)]에서 원하는 질감을 클릭합니다. 이어서, 그림과 같이 크기와 위치를 변경합니다.

 ## 곡선을 삽입한 후 윤곽선 서식 변경하기

① [삽입]-[일러스트레이션]-[도형(⬚)]에서 [선]-[곡선(⌒)]을 선택합니다.

 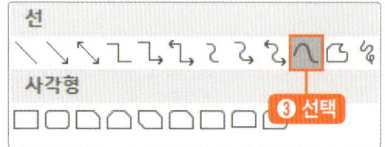

② 마우스 포인터가 '✛' 모양으로 변경되면 점을 찍듯이 클릭하여 지그재그 모양을 만든 후 마지막 점은 더블 클릭하여 도형을 완성합니다.

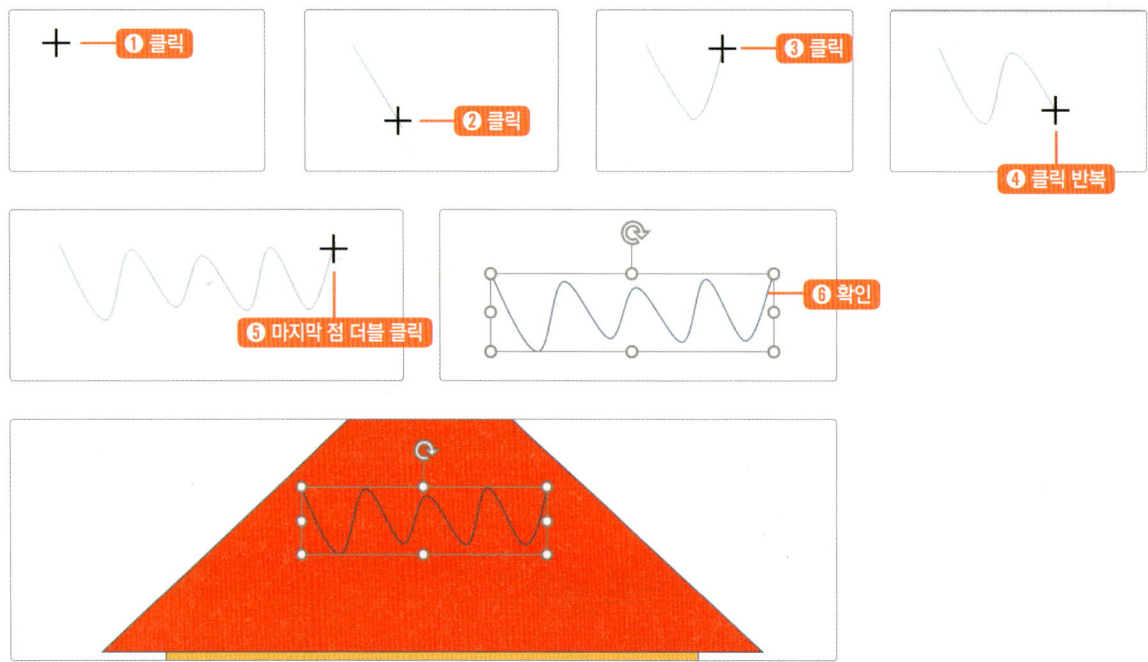

③ [서식]-[도형 스타일]-[도형 윤곽선]에서 원하는 색상과 두께(☰)를 선택합니다. 이어서, 그림과 같이 크기와 위치를 변경합니다.

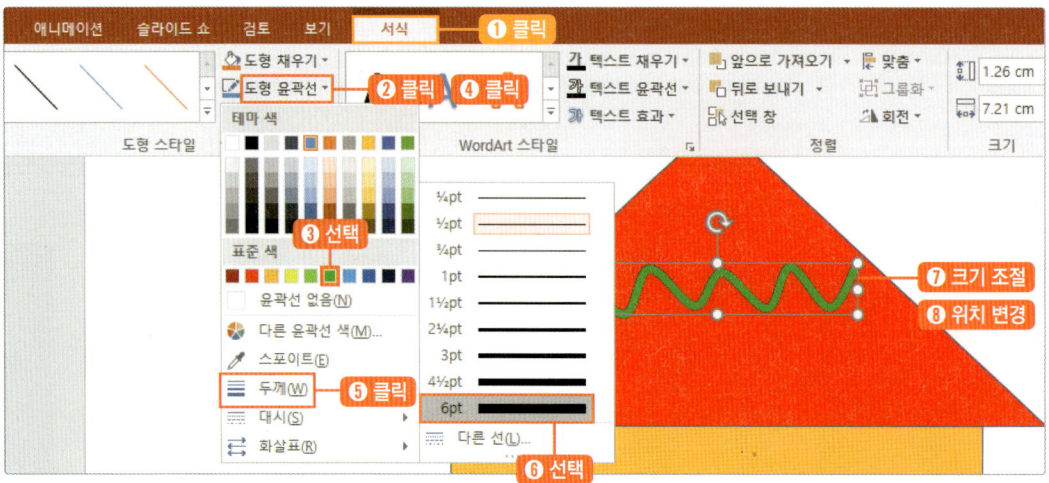

❹ 오늘 배운 기능과 아래 그림을 참고하여 작품을 완성합니다.

📂 불러올 파일 : 없음   💾 완성된 파일 : 3일차_연습(완성).pptx

① 새 프레젠테이션을 열어 아래 그림과 같이 작품을 완성해보세요.

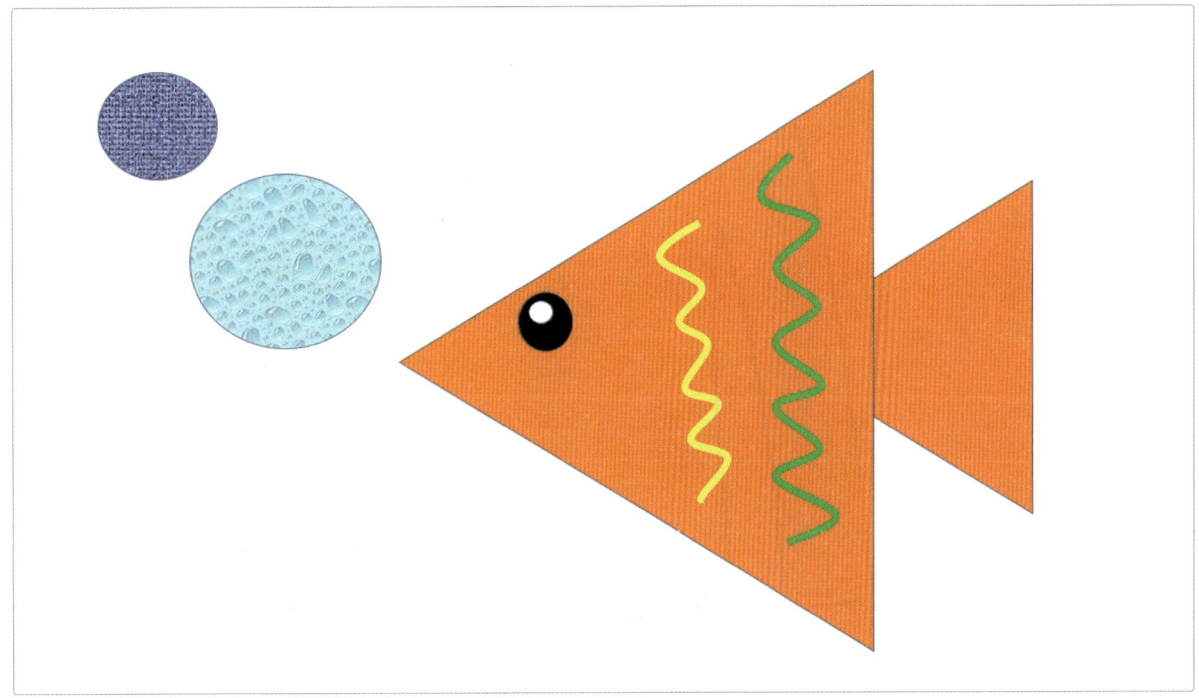

CHAPTER 04 옷 디자인하기

- 도형의 윤곽선을 점선으로 변경해봅니다.
- 자유 곡선을 삽입하여 재미있는 무늬로 옷을 디자인합니다.

📁 불러올 파일 : 4일차.pptx   💾 완성된 파일 : 4일차(완성).pptx

창의력 플러스

- 파워포인트의 '자유 곡선' 기능을 이용하면 연필로 그리는 것처럼 자유롭게 선을 그릴 수 있어요. 아래 그림을 참고하여 선을 그리는 연습을 해보세요.

 **01** 도형의 윤곽선을 점선으로 변경하기

❶ '4일차.pptx'를 불러온 후 [삽입]-[일러스트레이션]-[도형(⌗)]에서 [순서도]-[순서도: 지연(D)]을 선택합니다.

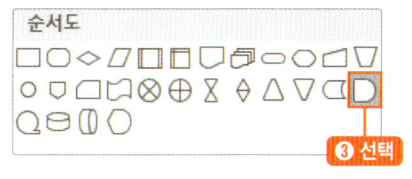

❷ 마우스 포인터가 '✛' 모양으로 변경되면 드래그하여 도형을 삽입합니다.

❸ 회전점(⟳)을 오른쪽 아래 방향으로 드래그하여 도형을 회전한 후 그림과 같이 위치와 크기를 변경합니다. 이어서, [서식]-[도형 스타일]-[도형 채우기]에서 원하는 색상을 선택합니다.

  ※ Shift 키를 누른 채 회전점(⟳)을 드래그하면 회전 작업이 편리해요.

❹ [서식]-[도형 스타일]-[도형 윤곽선]에서 원하는 색상과 두께(≡)를 선택합니다.

❺ 이어서, 다시 [도형 윤곽선]을 클릭한 후 [대시(▦)]에서 원하는 종류의 점선을 선택합니다.

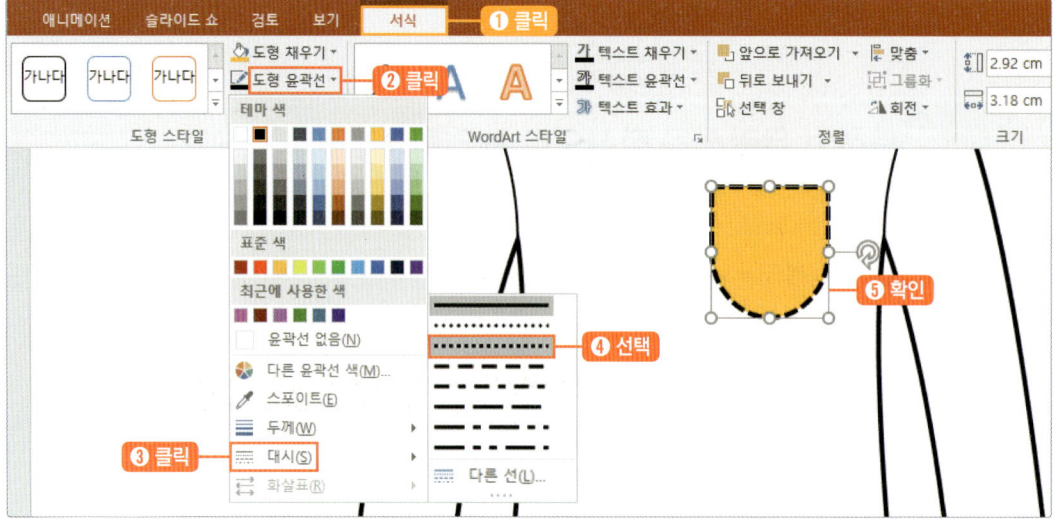

 ## 자유 곡선 삽입하기

❶ [삽입]-[일러스트레이션]-[도형( )]에서 [선]-[자유 곡선( )]을 선택합니다.

 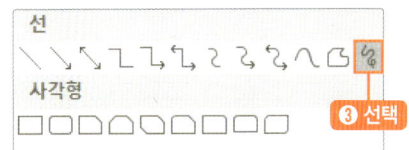

❷ 마우스 포인터가 ' ' 모양으로 변경되면 옷 위에서 드래그하여 회오리 모양을 그립니다. 이어서, Ctrl 키를 누른 채 드래그하여 그림과 같이 회오리 모양을 복사합니다.

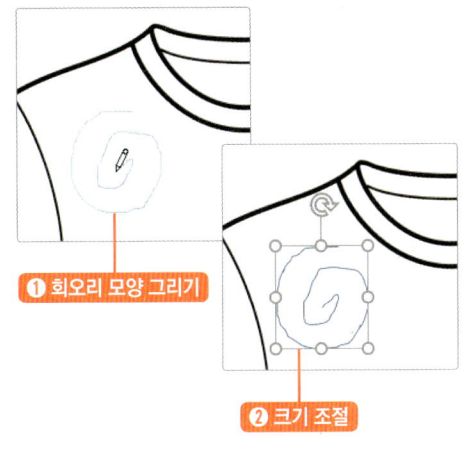 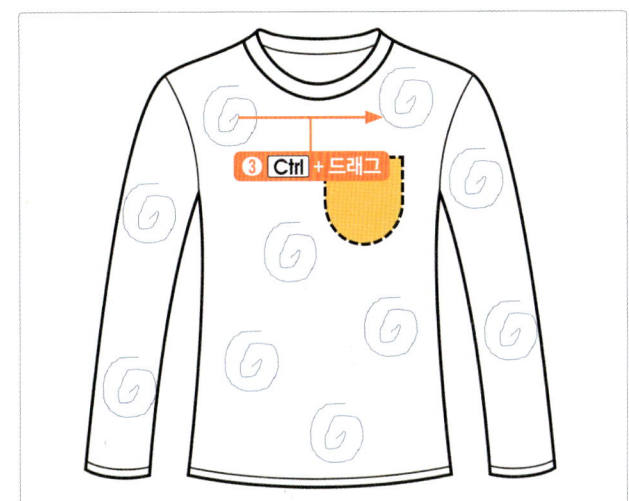

 ## 자유 곡선에 투명도 및 서식 지정하기

❶ Shift 키를 누른 채 회오리 모양을 모두 선택합니다.

TIP 도형을 더 빠르게 선택하는 방법

Ctrl + A 키를 눌러 슬라이드에 삽입된 모든 도형을 선택합니다. 이어서, Shift 키를 누른 채 주황색 주머니를 클릭하면 자유 곡선 도형만 빠르게 선택할 수 있습니다.

❷ [서식]-[도형 스타일]-[도형 윤곽선]-[두께(≡)]-[다른 선(≣)]을 클릭합니다.
※ 회오리 모양 위에서 마우스 오른쪽 버튼을 클릭한 후 [개체 서식]을 선택해도 결과는 같아요!

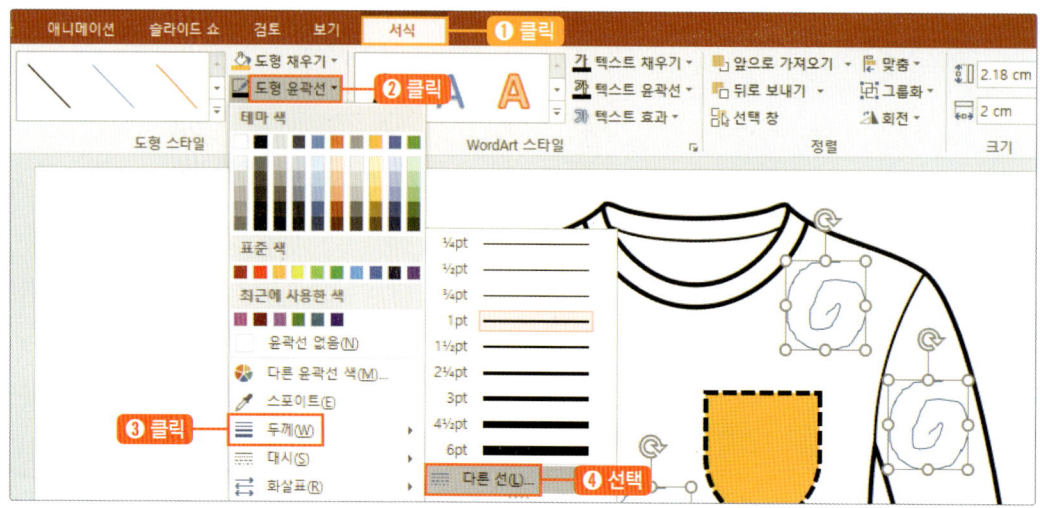

❸ 오른쪽 작업 창이 활성화되면 '너비' 입력 칸에 '6'을 입력합니다. 이어서, 투명도를 '70%'로 지정한 후 <닫기(✕)> 단추를 클릭합니다.

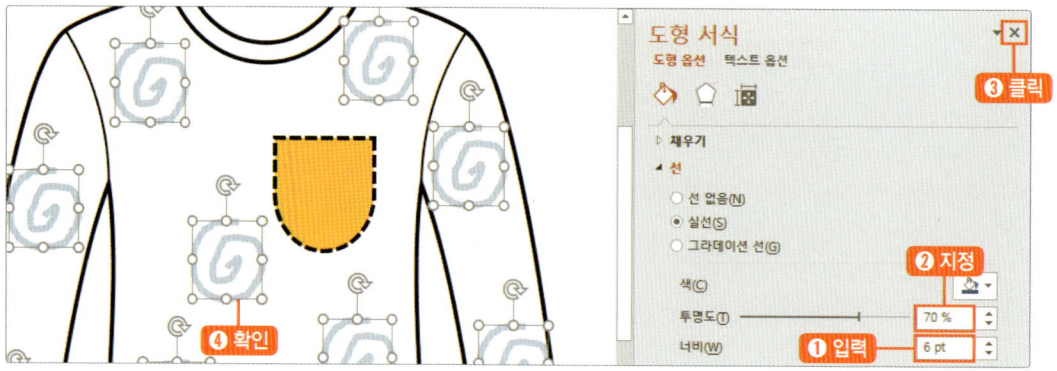

❹ Esc 키를 눌러 모든 선택을 해제한 후 첫 번째 회오리 모양을 클릭합니다.

❺ [서식]-[도형 스타일]-[도형 윤곽선]-[다른 윤곽선 색(🎨)]을 클릭합니다.

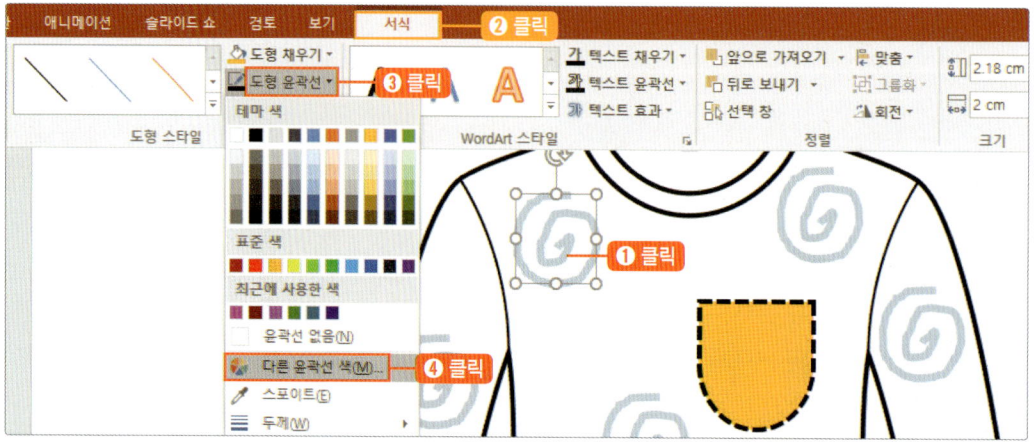

030 • 컴놀_파포 꿈트리(파워포인트 2016)

❻ [표준]에서 원하는 색을 선택한 후 <확인> 단추를 클릭합니다. 이어서, 똑같은 방법으로 다른 회오리 모양들의 색상을 변경합니다.

※ 투명도를 '70%'로 지정했기 때문에 색상이 조금 연하게 보일 수 있어요!

1. 4일차_연습.pptx 파일을 열어 작품을 완성해보세요.

❶ [도형]-[선]에서 원하는 모양의 선으로 작업합니다.
❷ 그림에 쓰여있는 기능을 활용하여 여러 가지 선 모양과 효과를 적용합니다.

CHAPTER 05
즐거운 우리집 만들기

학 습 목 표

- 슬라이드 배경에 이미지를 채워봅니다.
- 온라인 그림을 활용하여 작품을 꾸며봅니다.
- 도형을 삽입한 후 도형의 서식을 변경합니다.

📂 불러올 파일 : 없음   📄 완성된 파일 : 5일차(완성).pptx

창의력 플러스

- 드림캐처는 아메리카 원주민들로부터 유래되었어요. 좋은 꿈을 꾸게 해준다고 하는 드림캐처는 문고리 또는 벽에 걸어놓는 장식용으로 많이 사용되고 있어요. 아래 그림의 파란색 점을 기준으로 자유롭게 선을 그려서 나만의 드림캐처를 완성해보세요.

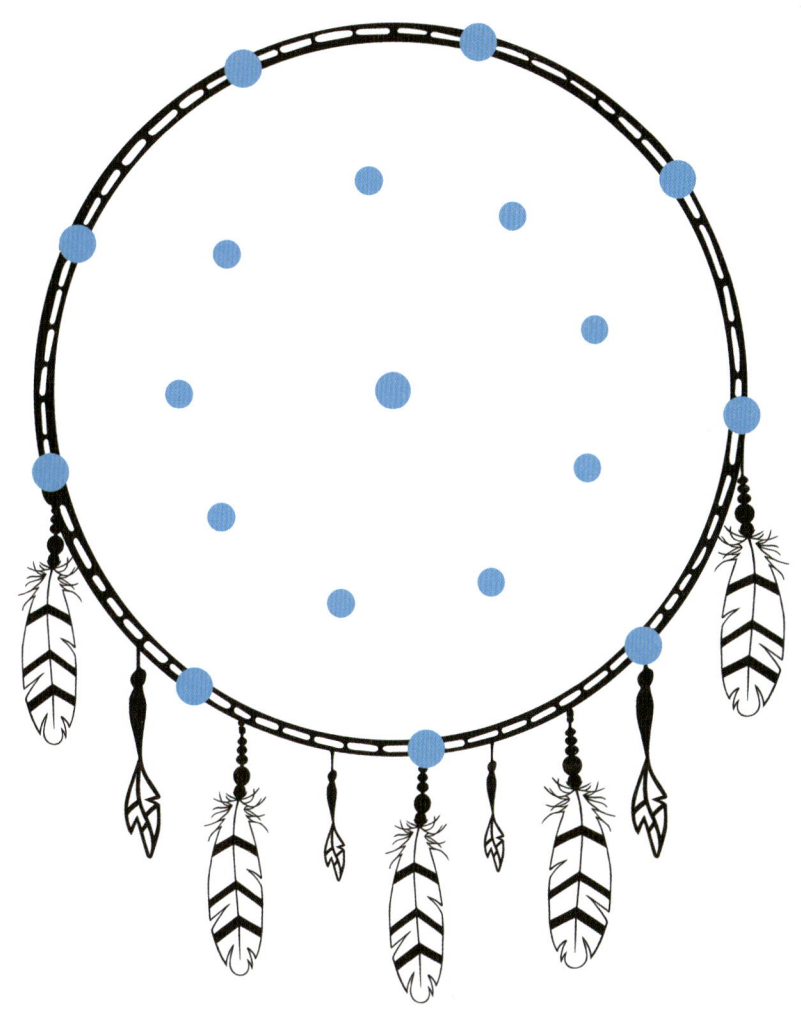

▶ 완성된 드림캐처 예시 이미지

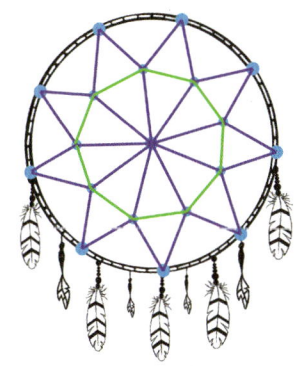 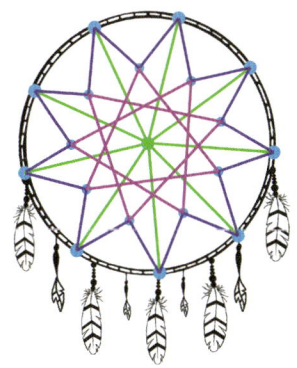 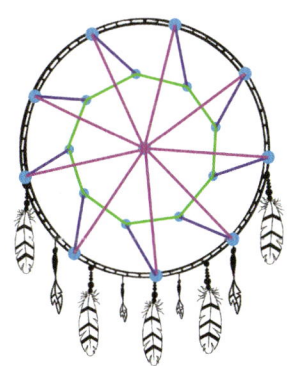

Chapter 05 즐거운 우리집 만들기 • 033

01 슬라이드 배경에 그림을 채우기

1. 새 프레젠테이션을 열어 슬라이드 빈 곳 위에서 마우스 오른쪽 버튼을 클릭한 후 [레이아웃]-[빈 화면]을 선택합니다.

2. 슬라이드 위에서 다시 마우스 오른쪽 버튼을 눌러 [배경 서식]을 클릭합니다. 이어서, 오른쪽 작업 창이 활성화되면 [그림 또는 질감 채우기]를 선택한 후 <파일>을 클릭합니다.

3. [5일차]-'하늘배경'을 선택한 후 <삽입> 단추를 클릭합니다.

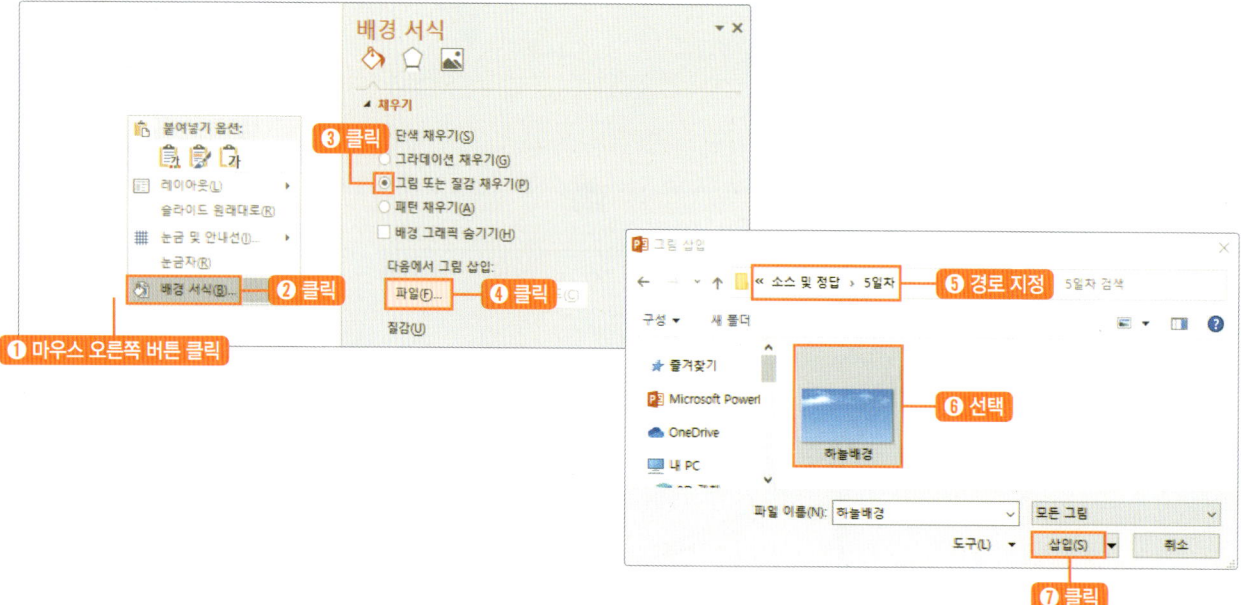

02 온라인 그림 넣기

1. [삽입]-[이미지]-[온라인 그림()]을 클릭합니다. 이어서, 검색 칸에 '사과나무'를 입력한 후 Enter 키를 누릅니다.

   ※ '온라인 그림' 기능은 인터넷이 연결된 상태에서만 이용이 가능해요!

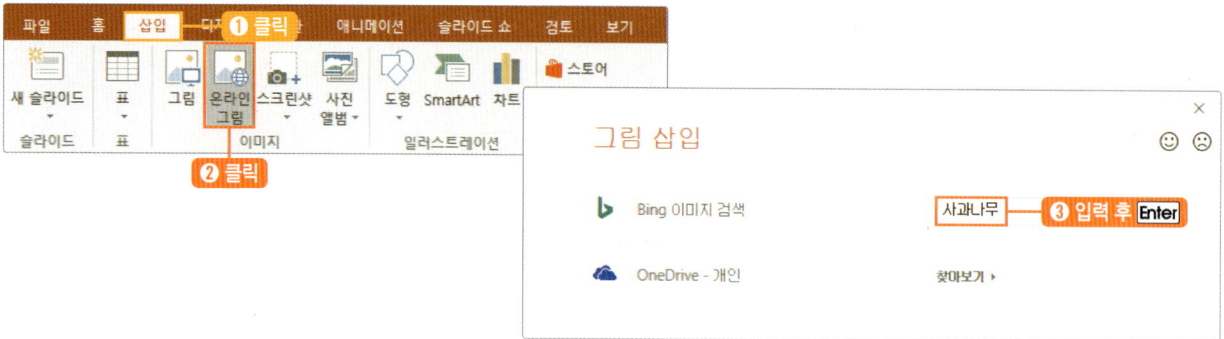

❷ 여러 가지 그림들이 표시되면 필터( ) 단추를 눌러 [유형]-[투명]을 선택합니다. 이어서, 'Creative Commons만'의 체크표시를 해제합니다.

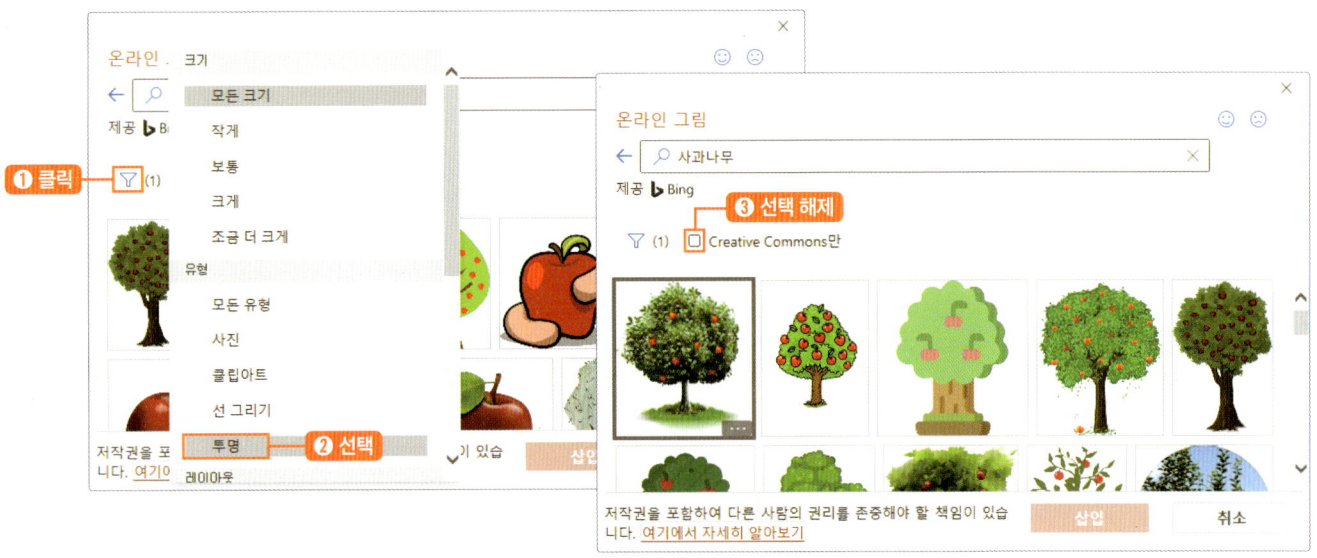

❸ 원하는 그림을 선택한 후 <삽입> 단추를 클릭합니다.

※ 온라인 그림은 업데이트로 인하여 교재와 똑같은 그림이 없을 수도 있어요!

❹ 슬라이드에 그림이 삽입되면 크기 및 위치를 적당하게 변경합니다.

❺ 동일한 방법으로 [온라인 그림()]을 이용하여 '집', '잔디', '가족' 이미지를 차례대로 검색한 후 원하는 이미지를 찾아 넣어봅니다.

> ※ 삽입된 그림 위에서 마우스 오른쪽 버튼을 눌러 [맨 앞으로 가져오기] 또는 [맨 뒤로 보내기]를 이용하면 해당 그림을 앞·뒤로 배치할 수 있어요.

03 도형을 삽입한 후 윤곽선 없애기

❶ [삽입]-[일러스트레이션]-[도형()]에서 [기본 도형]-[하트()]를 선택합니다.

❷ 마우스 포인터가 '✚' 모양으로 변경되면 드래그하여 도형을 삽입합니다.

❸ [서식]-[도형 스타일]-[도형 채우기]에서 원하는 색상을 클릭합니다. 이어서, [도형 윤곽선]-[윤곽선 없음]을 선택합니다.

 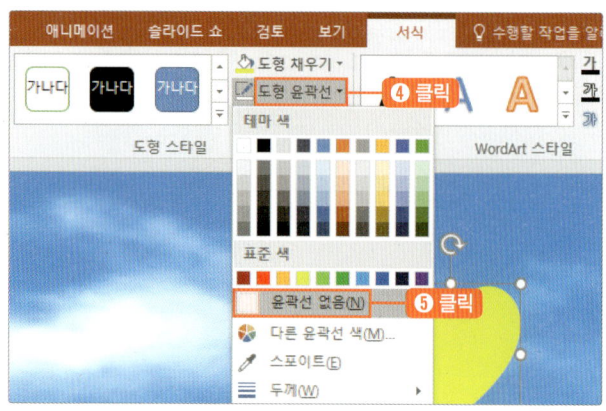

④ 도형의 크기 및 위치를 변경하여 작품을 완성합니다.

📁 불러올 파일 : 없음   📄 완성된 파일 : 5일차_연습(완성).pptx

① 새 프레젠테이션을 열어 작품을 완성해보세요.

❶ [5일차]-'식탁배경' 이미지를 이용하여 배경을 지정합니다.
❷ 온라인 그림 기능을 이용하여 식탁에 놓고 싶은 음식을 삽입합니다.
※ '온라인 그림'에서 '투명'으로 검색하고, 'Creative Commons만'의 체크표시는 해제하세요!

CHAPTER 06 부엉이 배경 만들기

학습목표

- 슬라이드 배경에 질감을 채워봅니다.
- 도형에 텍스트를 입력하고 글꼴 서식을 변경해봅니다.
- 온라인 그림을 활용하여 작품을 완성해봅니다.

📁 불러올 파일 : 없음   📁 완성된 파일 : 6일차(완성).pptx

창의력 플러스

- 키보드에서 영어를 입력하기 위해서는 한영 키를 눌러 영문 입력 상태로 전환해야 해요. 영문 입력 상태에서 Caps Lock (캡스락) 키를 누르면 대문자 또는 소문자로 전환하여 입력할 수 있어요.

1. 아래 키보드에서 'LOVE YOU'를 찾아 색칠해보세요.

2. 'LOVE YOU'는 어떤 뜻일까요?

01 슬라이드 배경에 질감을 채우기

1. 새 프레젠테이션을 열어 슬라이드 빈 곳 위에서 마우스 오른쪽 버튼을 클릭한 후 [레이아웃]-[빈 화면]을 선택합니다.

❷ 슬라이드 위에서 다시 마우스 오른쪽 버튼을 눌러 [배경 서식]을 클릭합니다. 이어서, 오른쪽 작업 창이 활성화되면 [그림 또는 질감 채우기]-[질감()]을 클릭한 후 원하는 질감을 선택합니다.

※ 오른쪽에 활성화된 작업 창은 ⊠(닫기) 단추를 눌러 종료할 수 있어요.

02 도형을 삽입한 후 서식 변경하기

❶ [삽입]-[일러스트레이션]-[도형(⬙)]에서 [사각형]-[모서리가 둥근 직사각형(☐)]을 선택합니다.

 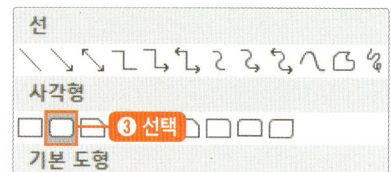

❷ 마우스 포인터가 '╋' 모양으로 변경되면 아래 그림을 참고하여 슬라이드에 도형을 삽입합니다.

③ [서식]-[도형 스타일]-[도형 채우기]에서 원하는 색상을 클릭한 후 [도형 채우기]-[그라데이션(■)]에서 원하는 그라데이션을 선택합니다.

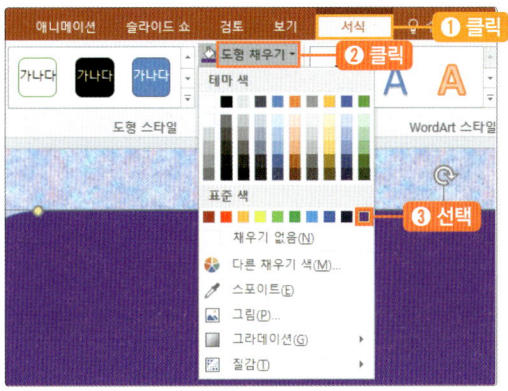 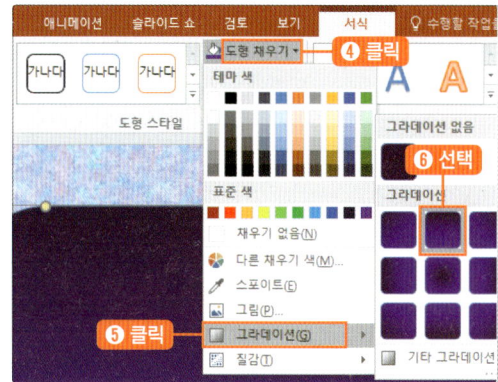

 **도형 안에 텍스트를 입력한 후 글꼴 서식 변경하기**

① 도형이 선택된 상태에서 'LOVE YOU'를 입력한 후 Esc 키를 눌러 선택을 해제합니다.
   ※ 한/영 키를 눌러 영문 입력 상태로 전환한 후 Caps Lock 키를 눌러 영어 대문자를 입력해요.
   ※ 'LOVE'를 입력하고 Enter 키를 눌러 아래로 한 줄을 띄운 후 'YOU'를 입력해요.

② 도형의 테두리가 선택된 것을 확인한 후 [홈]-[글꼴]에서 원하는 글꼴 서식을 지정합니다.
   ※ 도형 선택이 해제되었을 경우 도형의 테두리를 마우스로 클릭해요.
   ※ 글꼴 크기는 입력 칸에 '120'을 입력한 후 Enter 키를 누르면 적당한 크기로 지정할 수 있어요.

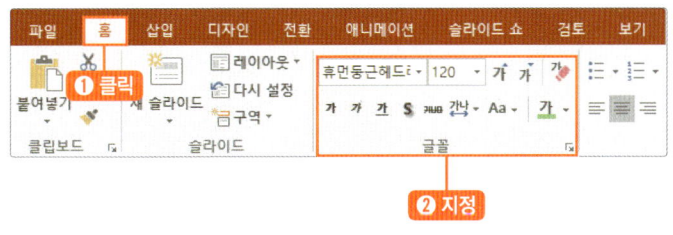 

 ## 온라인 그림 넣기

① [삽입]-[이미지]-[온라인 그림( )]을 클릭한 후 '부엉이'를 검색합니다.

※ '온라인 그림' 기능은 인터넷이 연결된 상태에서만 이용이 가능해요!

② 여러 가지 그림들이 표시되면 필터( ) 단추를 눌러 [유형]-[투명]을 선택합니다. 이어서, 'Creative Commons만'의 체크표시를 해제합니다.

③ 원하는 그림을 선택한 후 <삽입> 단추를 클릭합니다.

※ 온라인 그림은 업데이트로 인하여 교재와 똑같은 그림이 없을 수도 있어요!

❹ 슬라이드에 그림이 삽입되면 크기 및 위치를 적당하게 변경합니다.

❺ 동일한 방법으로 [온라인 그림( )]에서 '별똥별' 이미지를 찾아 넣어봅니다.

1 새 프레젠테이션을 열어 아래 그림과 같이 작품을 완성해보세요.

❶ [배경 서식]-[그라데이션 채우기]에서 '그라데이션 미리 설정'을 변경하여 배경을 지정합니다.
❷ [기본 도형]-[모서리가 접힌 도형( )]을 삽입한 후 그라데이션으로 색을 채우고 윤곽선 서식을 변경합니다.
❸ 온라인 그림(고양이, 캘리그라피)을 삽입합니다.
※ '온라인 그림'에서 '투명'으로 검색하고, 'Creative Commons만'의 체크표시는 해제하세요!

CHAPTER 07 컴퓨터의 구성 장치 알아보기

학 습 목 표

- 그림과 도형을 삽입합니다.
- 화살표를 삽입하여 개체(그림, 도형)를 서로 연결합니다.
- 화살표의 윤곽선 서식을 변경합니다.

📁 불러올 파일 : 7일차.pptx   📁 완성된 파일 : 7일차(완성).pptx

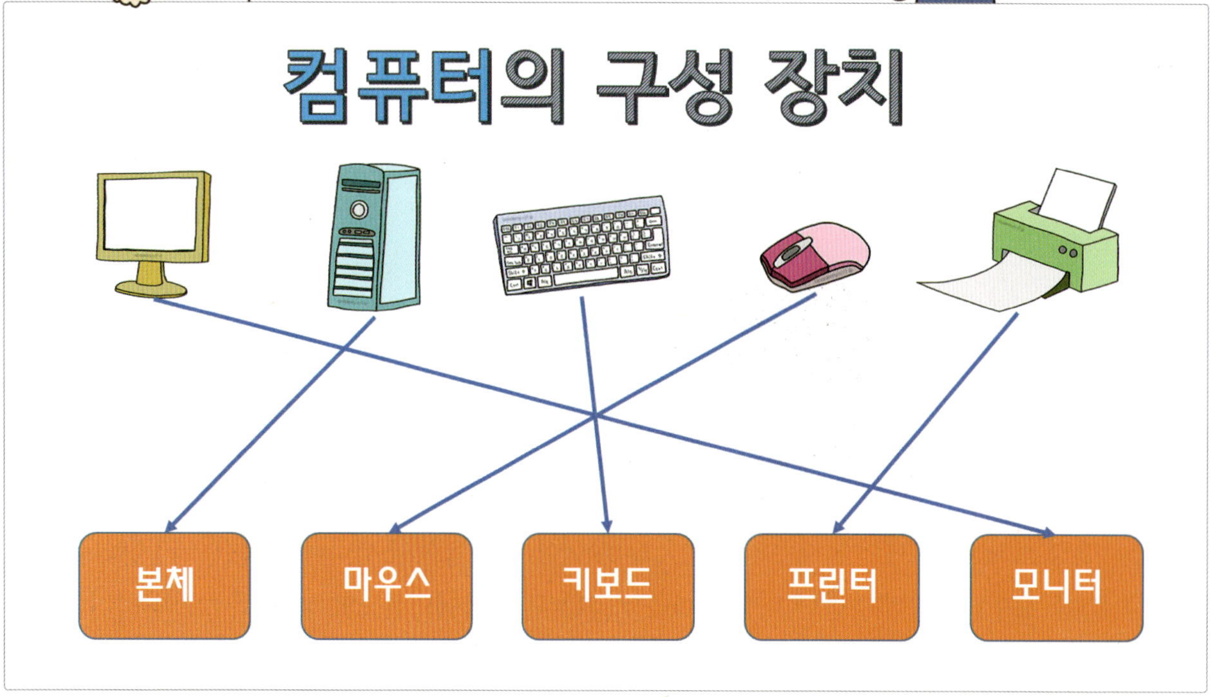

창의력 플러스

다음은 파워포인트의 [삽입] 메뉴에 있는 아이콘이에요. 해당 아이콘이 속해있는 그룹과 아이콘의 이름을 적어보세요.

01 슬라이드에 그림 삽입하기

1. '7일차.pptx'를 불러온 후 [삽입]-[이미지]-[그림()]을 클릭합니다. 이어서, [7일차]-'장치1'을 선택한 후 <삽입> 단추를 클릭합니다.

❷ 삽입된 그림의 크기와 위치를 아래 그림과 같이 변경합니다. 이어서, 동일한 방법으로 '장치2~장치5'를 슬라이드에 삽입합니다.

02 도형을 삽입하고 텍스트 입력하기

❶ [삽입]-[일러스트레이션]-[도형( )]에서 [사각형]-[모서리가 둥근 직사각형( )]을 선택합니다.

 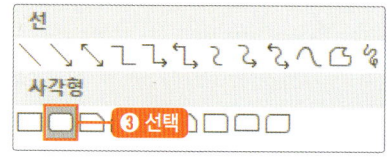

❷ 마우스 포인터가 ' + ' 모양으로 변경되면 드래그하여 도형을 삽입합니다.

❸ [서식]-[도형 스타일]-[도형 채우기]에서 원하는 색상을 클릭합니다. 이어서, 그림을 참고하여 크기와 위치를 변경합니다.

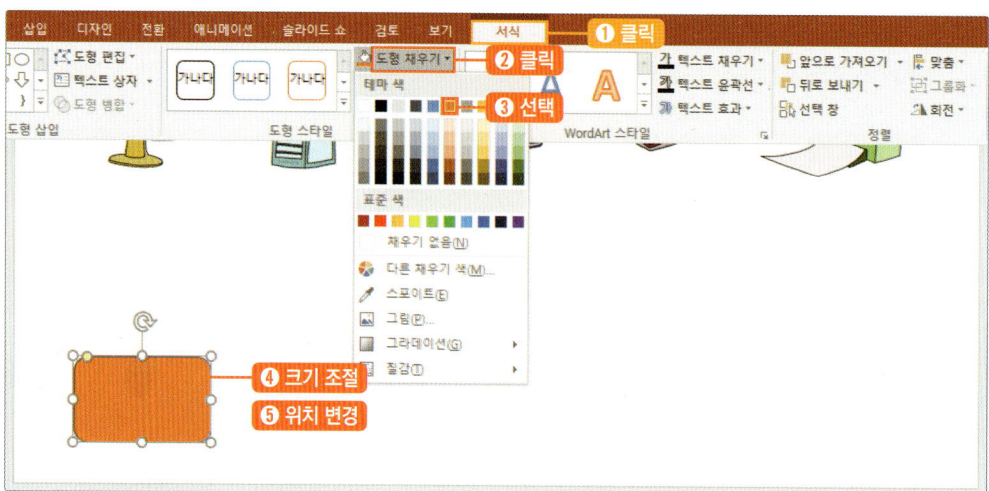

④ 도형이 선택된 상태에서 '본체'를 입력 한 후 Esc 키를 누릅니다.

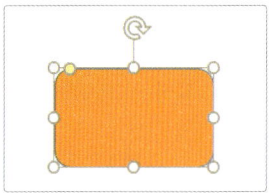 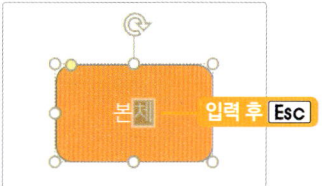

⑤ [홈]-[글꼴]에서 원하는 글꼴 서식을 지정합니다.
※ 글꼴의 크기는 25~30pt 정도로 지정하면 적당할 거예요.

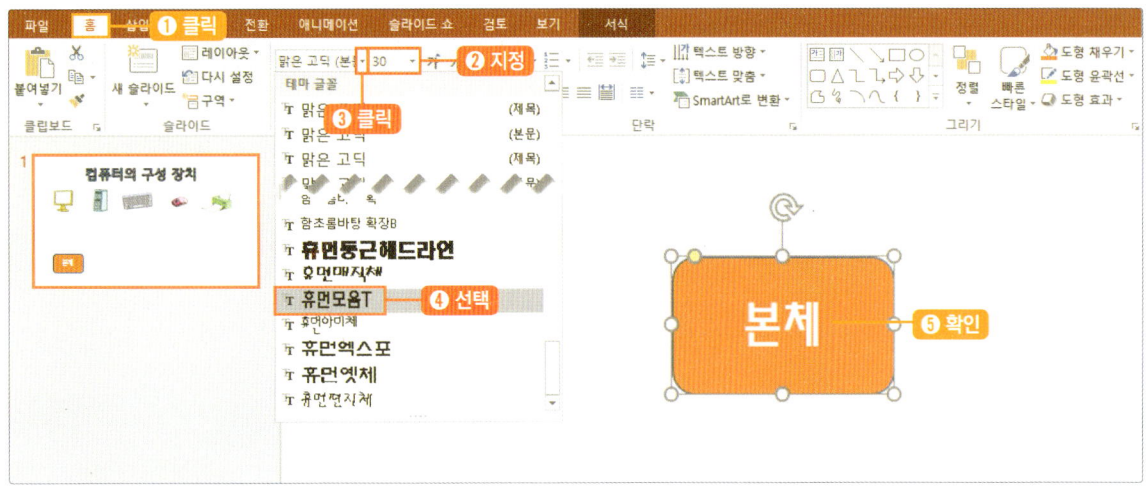

⑥ Ctrl + Shift 키를 누른 채 오른쪽으로 드래그하여 복사합니다. 이어서, 같은 작업을 3번 더 반복합니다.

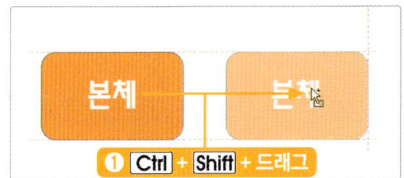 

⑦ 두 번째 도형 안쪽의 텍스트를 더블 클릭하여 블록으로 지정합니다. 이어서, Delete 키를 눌러 '본체'를 삭제하고 '마우스'를 입력합니다.

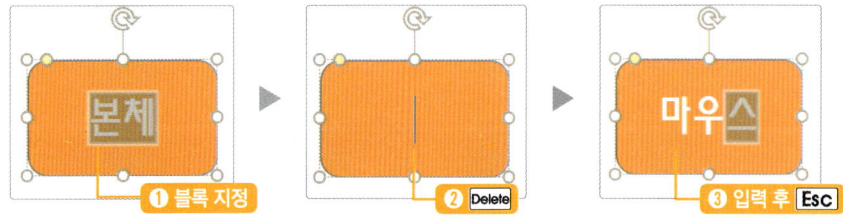

⑧ 동일한 방법으로 나머지 도형들도 그림과 같이 텍스트를 수정합니다.

03 화살표를 삽입하고 윤곽선 서식 변경하기

① [삽입]-[일러스트레이션]-[도형( )]에서 [선]-[화살표( )]를 선택합니다.

② 마우스 포인터가 '+' 모양으로 변경되면 그림과 같은 이름의 도형을 찾아 드래그합니다.
※ 그림 아래쪽에 나타나는 점을 클릭한 후 화살표 조절점을 도형으로 드래그하여 그리는 방법도 있어요!

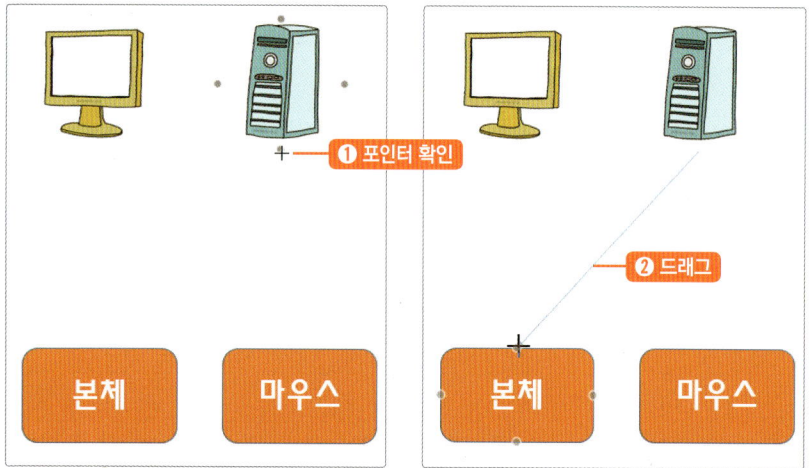 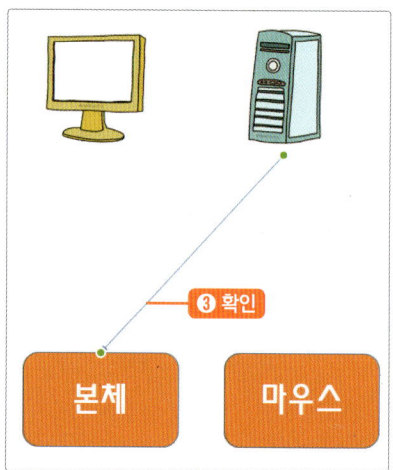

③ [서식]-[도형 스타일]-[도형 윤곽선]에서 원하는 색상과 두께( )를 지정합니다.

④ 동일한 방법으로 그림과 같은 이름의 도형을 찾아 화살표를 연결하여 작품을 완성합니다.

CHAPTER 07 혼자서 뚝딱 뚝딱!

📁 불러올 파일 : 7일차_연습.pptx 💾 완성된 파일 : 7일차_연습(완성).pptx

1 7일차_연습.pptx 파일을 열어 아래 그림과 같이 작품을 완성해보세요.

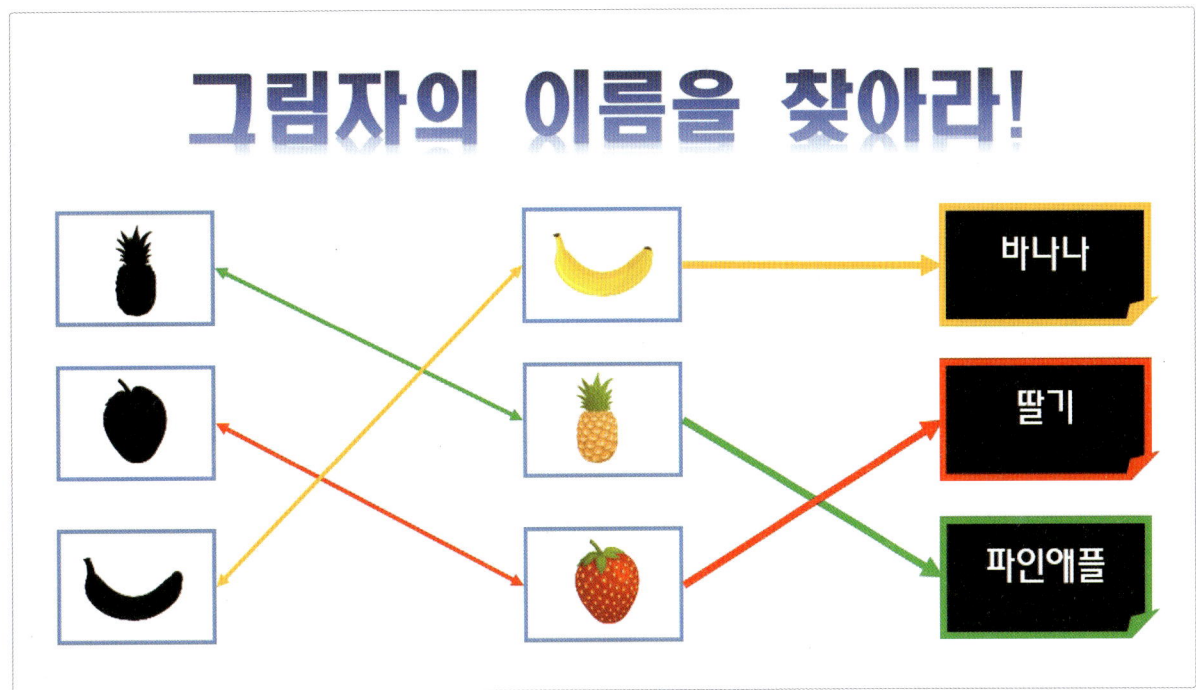

❶ [7일차]-'그림자1~3', '과일1~3' 이미지를 사용하여 작업합니다.

❷ [도형]-[기본 도형]-[모서리가 접힌 도형(⬜)]으로 작업합니다.

❸ [도형]-[선]에서 원하는 모양의 선으로 작업합니다.

TIP 화살표의 머리 유형과 크기 등을 변경하는 방법

삽입된 화살표 위에서 마우스 오른쪽 버튼을 눌러 [도형 서식]을 클릭한 후 오른쪽 작업 창이 활성화되면 '화살표 머리 유형, 화살표 머리 크기' 등을 변경할 수 있습니다.

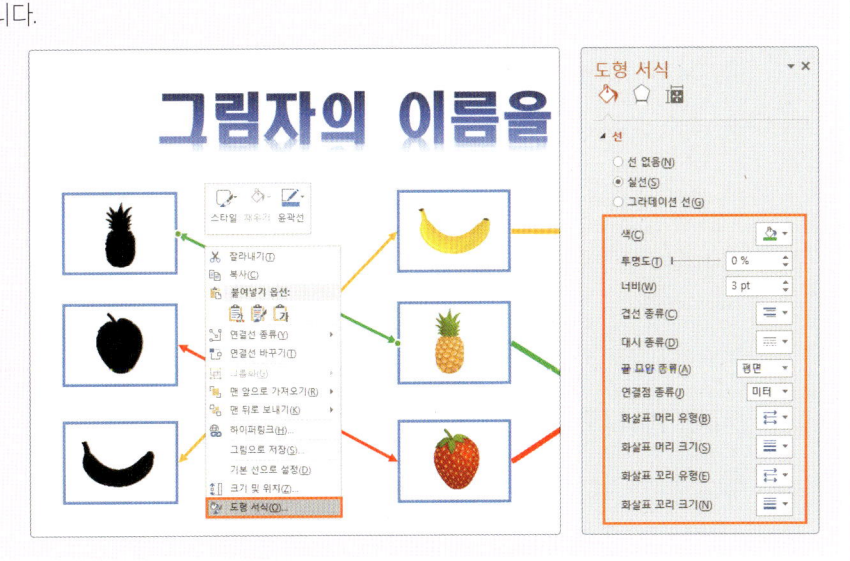

Chapter 07 컴퓨터의 구성 장치 알아보기 • **049**

CHAPTER 08 단원 종합 평가 문제

선생님 확인 | 부모님 확인

학습목표

- 1일차~7일차에서 배운 내용을 평가해봅니다.

---

1 다음과 같이 온라인에서 다양한 그림을 찾아 삽입할 수 있는 파워포인트 2016 기능은 무엇인가요?

① 온라인 그림
② 스마트아트
③ 사진 앨범
④ 워드아트

2 그림에서 동그라미 도형에 사용한 기능은 무엇인가요?

① 맨 앞으로 보내기
② 좌우 대칭
③ 상하 대칭
④ 맨 뒤로 보내기

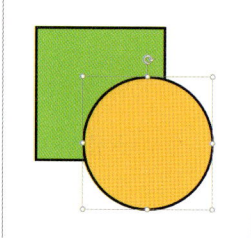 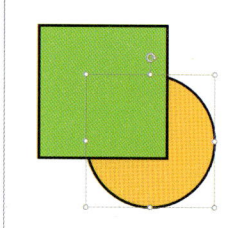

3 다음은 어떤 도형일까요?

① [기본 도형]-원형
② [선]-곡선
③ [선]-자유 곡선
④ [기본 도형]-도넛

4 [서식] 탭의 [도형 스타일] 그룹에서 '도형 채우기'에 없는 기능은 무엇인가요?

① 그라데이션　　② 질감　　③ 두께　　④ 그림

5 도형을 반듯하게 복사하는 방법은 무엇인가요?

　❶ Enter + 드래그　　　　　　　❷ Enter + Shift + 드래그

　❸ Shift + 드래그　　　　　　　❹ Ctrl + Shift + 드래그

6 작업 순서를 참고하여 아래 그림과 같이 슬라이드를 완성하세요.

　　　　　　　　　　　　　📁 불러올 파일 : 없음　📁 완성된 파일 : 8일차(완성).pptx

〈작업 순서〉

❶ [레이아웃]-[빈 화면] 선택

❷ [배경 서식]-[그림 또는 질감 채우기]-'거울배경' 그림으로 지정

❸ [기본 도형]-[타원(○)]을 삽입 → 도형 및 도형 윤곽선 서식 변경

❹ [온라인 그림]-'요술램프' 온라인 그림 삽입

❺ [그림]-'지니' 그림 삽입 → 그림을 복사 → [회전]-[좌우 대칭]

CHAPTER 09
윙크하는 캐릭터 만들기

- 도형을 그룹화하고 복사해봅니다.
- 도형에 깜박이기 애니메이션을 적용해봅니다.

📁 불러올 파일 : 9일차.pptx   📁 완성된 파일 : 9일차(완성).pptx

창의력 플러스

- 파워포인트의 애니메이션 기능을 이용하여 움직이는 캐릭터를 만들 수 있어요. [9일차]-'스톱모션.gif'를 열어 애니메이션을 확인한 후 아래 빈칸에 들어갈 맞은 액션을 그려 넣어 보세요.

01 오른쪽 눈 만들기

1. '9일차.pptx'를 불러온 후 [삽입]-[일러스트레이션]-[도형( )]에서 [기본 도형]-[타원(○)]을 선택합니다.

2. Shift 키를 누른 채 다음과 같이 도형을 그린 후 도형 서식을 변경합니다.

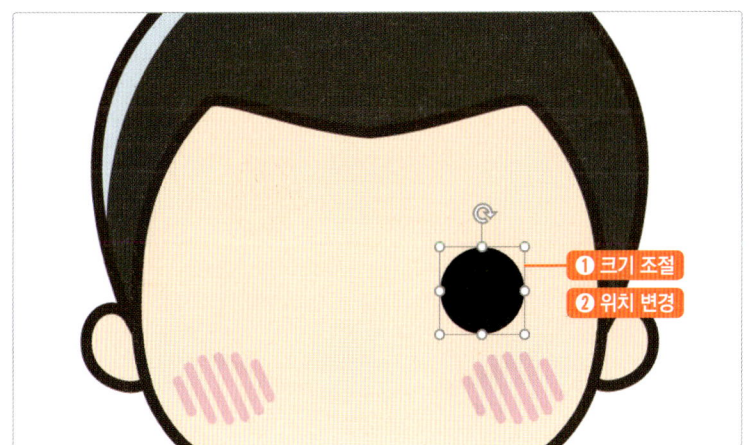

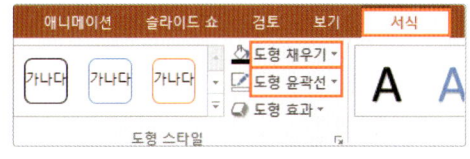

- 도형 채우기 : 검정색 계열
- 도형 윤곽선 : 윤곽선 없음

❸ 동일한 방법으로 타원(◯)을 이용하여 안쪽 눈을 그린 후 도형 서식을 변경합니다.

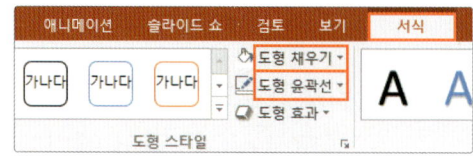

- 도형 채우기 : 흰색 계열
- 도형 윤곽선 : 윤곽선 없음

❹ 그림과 같이 드래그하여 두 개의 도형을 모두 선택한 후 선택된 도형 위에서 마우스 오른쪽 버튼을 눌러 [그룹화]-[그룹]을 클릭합니다.

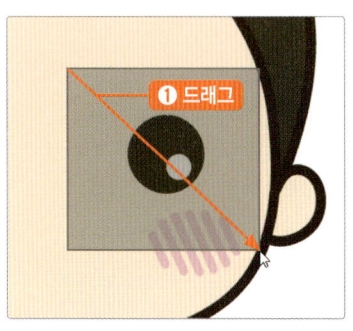  

02 윙크하는 왼쪽 눈 만들기

❶ [삽입]-[일러스트레이션]-[도형(◇)]에서 [기본 도형]-[달(☾)]을 선택한 후 그림과 같이 삽입합니다.
※ 왼쪽 윙크하는 눈은 동그란 눈보다 크기가 작아야 해요!

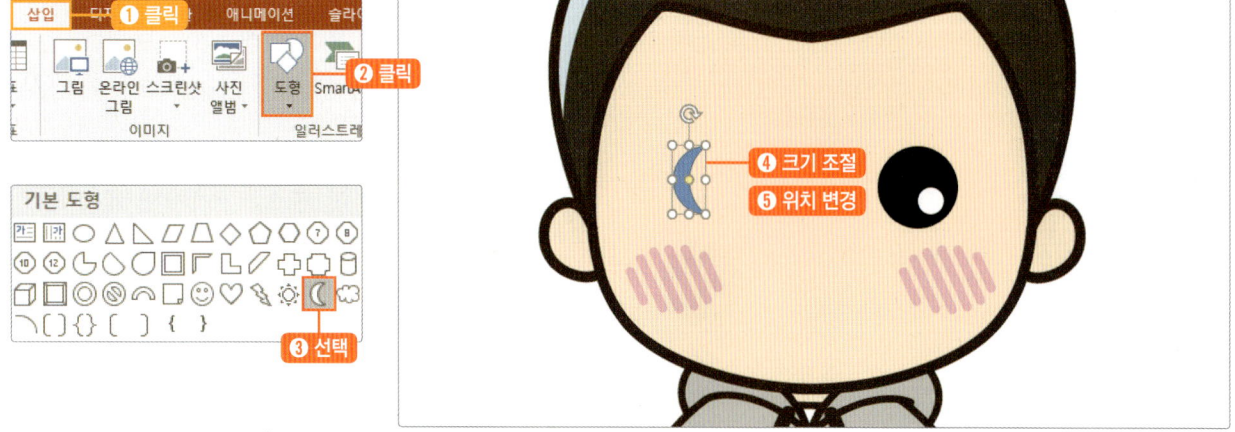

❷ [서식]-[정렬]-[회전()]-[오른쪽으로 90도 회전]을 클릭합니다.

❸ 다음 조건에 맞추어 도형 서식을 변경합니다.

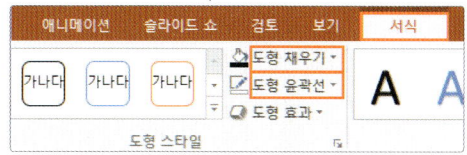

● 도형 채우기 : 검정색 계열
● 도형 윤곽선 : 윤곽선 없음

03 도형을 복사한 후 애니메이션 적용하기

❶ Ctrl + Shift 키를 누른 채 그룹으로 지정된 오른쪽 눈을 왼쪽으로 드래그하여 복사합니다.
※ Ctrl + Shift 키를 누른 채 드래그하면 도형을 반듯하게 복사할 수 있어요.

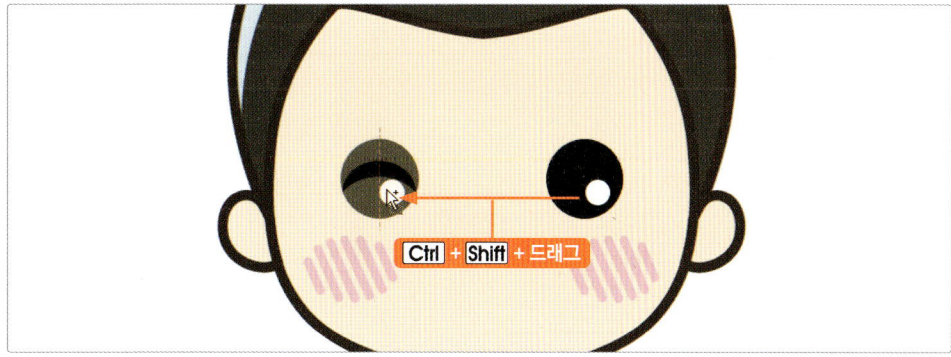

❷ 복사된 왼쪽 눈이 선택된 상태에서 [애니메이션]-[고급 애니메이션]-[애니메이션 추가( )]-[추가 강조하기 효과]를 클릭합니다.

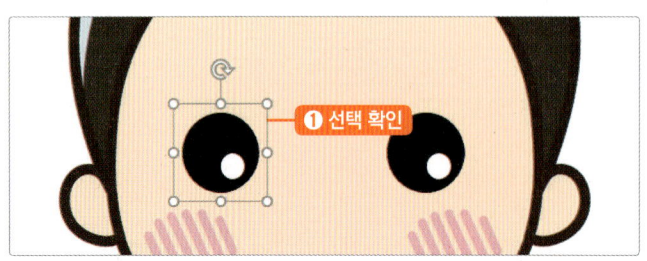

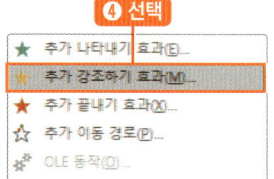

❸ 이어서, [화려한 효과]에서 '깜박이기'를 선택한 후 <확인> 단추를 클릭합니다.

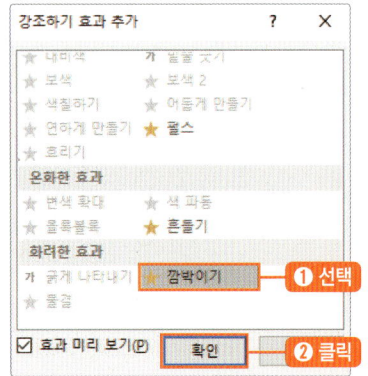

❹ [애니메이션]-[고급 애니메이션]-[애니메이션 창( )]을 클릭합니다.

❺ 오른쪽 작업 창이 활성화되면 적용된 애니메이션을 더블 클릭한 후 타이밍을 다음과 같이 변경합니다.
- 시작 : 이전 효과와 함께
- 반복 : 슬라이드가 끝날 때까지

❻ 여러 가지 도형을 이용하여 얼굴을 완성한 후 F5 키를 눌러 적용된 애니메이션을 확인합니다.

  ※ 입을 그릴 때는 [기본 도형]-[달(☾)]을 사용했어요. 도형을 회전시킨 후 보이는 노란색 조절점(◯)을 위쪽으로 드래그 하면 도형의 모양을 변형할 수 있답니다.

  ※ Esc 키를 누르면 [슬라이드 쇼]를 종료할 수 있어요.

CHAPTER 09 혼자서 뚝딱 뚝딱!

📂 불러올 파일 : 없음   📄 완성된 파일 : 9일차_연습(완성).pptx

① 새 프레젠테이션을 열어 아래 그림과 같이 작품을 완성해보세요.

  ❶ 사용한 도형 : [기본 도형]-[원형(◗)], [타원(◯)], [하트(♡)]

  ❷ 작업 순서 : 입을 벌린 팩맨을 작업한 후 그룹으로 지정 → [하트(♡)] 삽입 → 그룹으로 지정된 입을 벌린 팩맨을 복사 → 복사된 팩맨의 얼굴을 빠르게 세 번 클릭 → 위쪽 노란색 조절점(◯)을 오른쪽 아래로 드래그 → Esc 키를 눌러 모든 선택 해제 → 입을 벌린 팩맨 앞쪽으로 드래그 → 입을 다문 팩맨에 애니메이션 적용(깜박이기)

 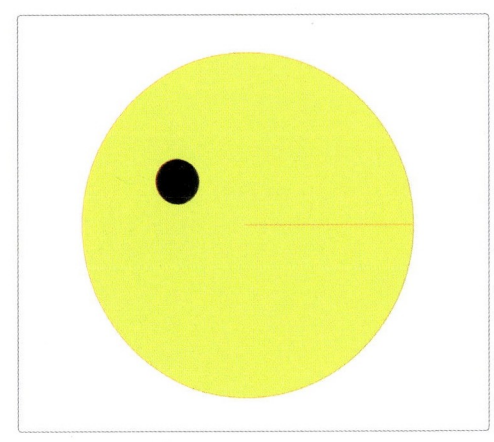

▲ 입을 벌린 팩맨   ▲ 입을 다문 팩맨

Chapter 09 윙크하는 캐릭터 만들기 • 057

CHAPTER 10
다람쥐 동시 꾸미기

학습목표

- 텍스트에 여러 가지 글꼴 서식을 지정합니다.
- 입력된 텍스트의 정렬을 변경합니다.
- 슬라이드 배경에 이미지를 채운 후 투명도를 적용해봅니다.

📁 불러올 파일 : 10일차.pptx   📁 완성된 파일 : 10일차(완성).pptx

다람 다람 다람쥐

다람 다람 다람쥐 알밤 줍는 다람쥐
보름 보름 달밤에 알밤 줍는 다람쥐
알밤인가 하고 조약돌도 줍고
알밤인가 하고 솔방울도 줍고

시인 : 박목월

창의력 플러스

- 가로 세로 낱말 퍼즐을 풀어보세요.

문제

1. 오늘 배울 동시의 주인공
2. 공룡이 살던 시대로 쥐라 산맥에서 유래된 명칭
3. 테니스, 배드민턴, 탁구 등의 스포츠에서 공을 치는 기구
4. 비가 그친 뒤 나타나는 일곱 빛깔의 줄
5. 봄에 피는 노란색 꽃
6. 여름에 갑자기 세차게 내리는 비
7. 목이 아주 긴 동물
8. 중국요리 중 하나
9. 배 안의 선원들을 책임지고 통솔 하는 최고 책임자
10. 수염을 깎을 때 이용하는 도구

01 제목 입력 및 서식 지정하기

① '10일차.pptx'를 불러온 후 제목을 입력합니다.

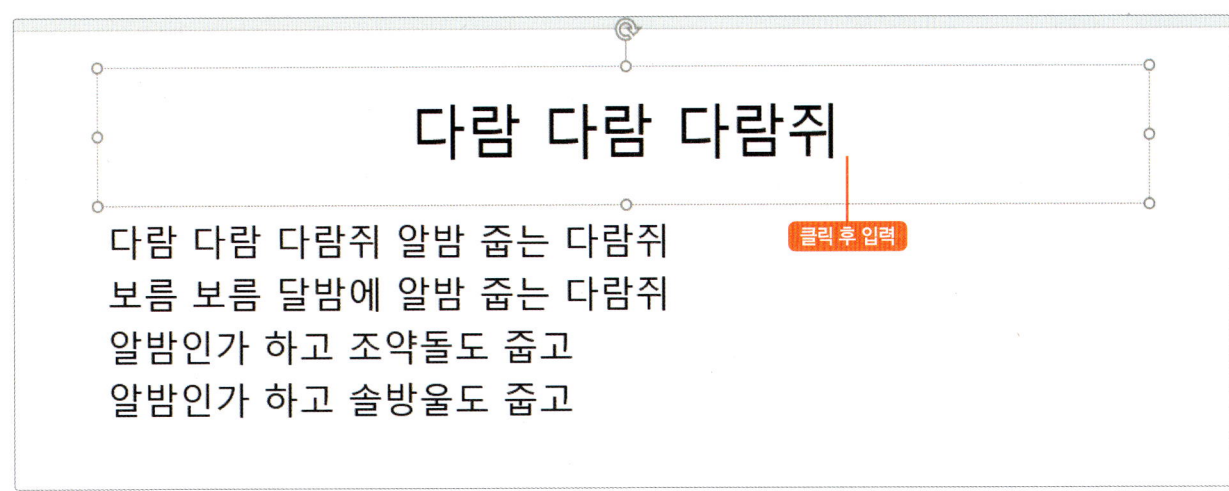

❷ 입력된 제목을 블록으로 지정한 후 [서식]-[WordArt 스타일]-[텍스트 윤곽선]-'검정, 텍스트 1'과 [두께(≡)]-'3pt'를 지정합니다.

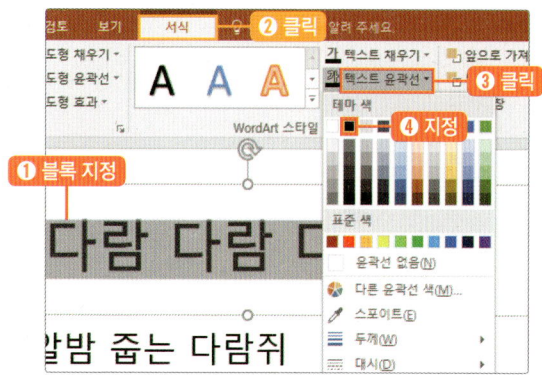 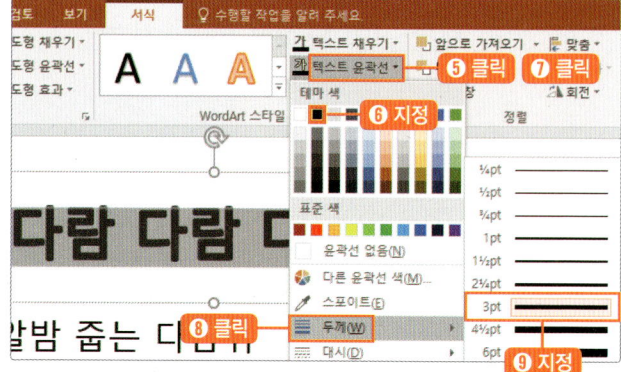

❸ 그림을 참고하여 [홈]-[글꼴]에서 글꼴 서식을 변경합니다.
  ※ 글꼴 서식을 변경할 때는 변경하려는 텍스트를 블록으로 지정하거나, 텍스트 상자의 테두리를 선택한 후 작업해요.
  • 글꼴(휴먼모음T) → 글꼴 크기(80pt) → 굵게(가) 지정

❹ 그림을 참고하여 [홈]-[글꼴]에서 원하는 글꼴 색상을 선택합니다.
  ※ 특정 단어를 블록으로 지정한 후 작업하면 해당 단어만 색상을 다르게 지정할 수 있어요.

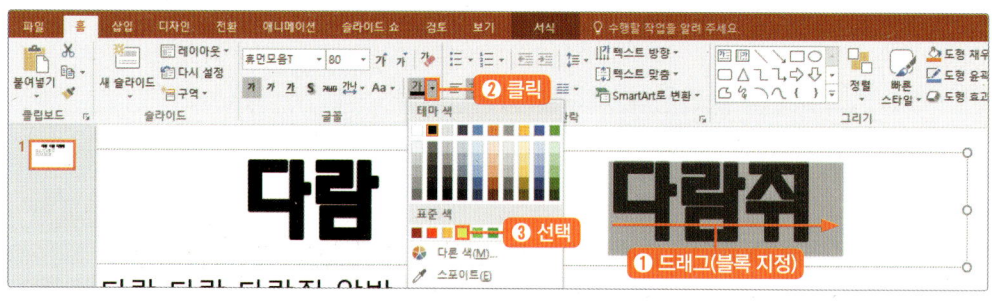

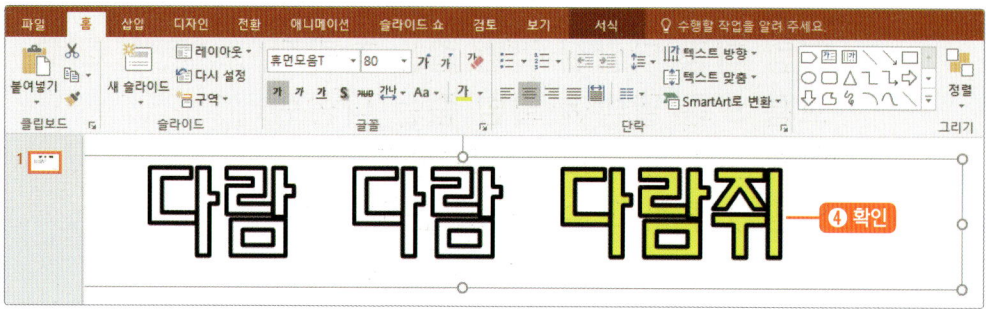

02 내용 서식 지정하기

① 내용을 클릭하여 활성화된 텍스트 상자의 테두리를 선택한 후 [서식]-[WordArt 스타일]-[텍스트 윤곽선]
-'검정, 텍스트 1'을 지정합니다.

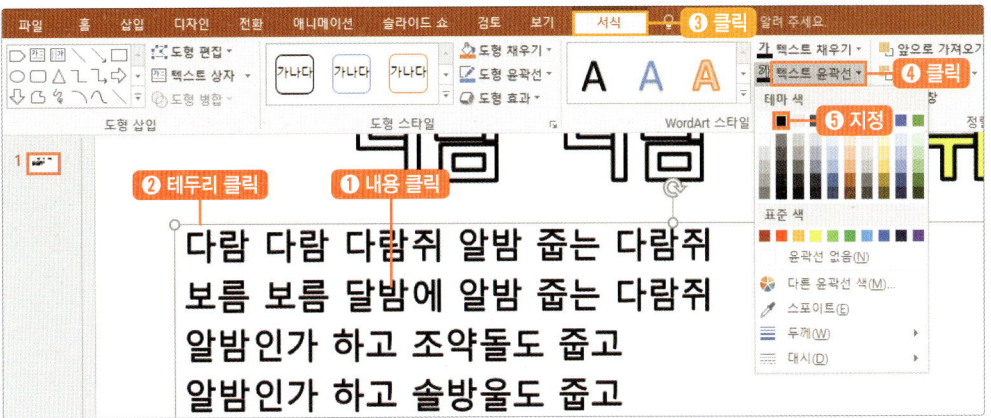

TIP 글꼴 서식을 변경하기 전에 꼭 기억하세요!

글꼴 서식을 변경하기 위해 텍스트를 선택할 때는 해당 내용을 블록으로 지정하거나 텍스트 상자의 테두리를 클릭한 후 작업하도록 합니다.

② 그림을 참고하여 [홈]-[글꼴]에서 원하는 글꼴 서식을 지정합니다.
   ※ 글꼴의 크기는 44~48pt 정도로 지정하면 적당할 거예요.

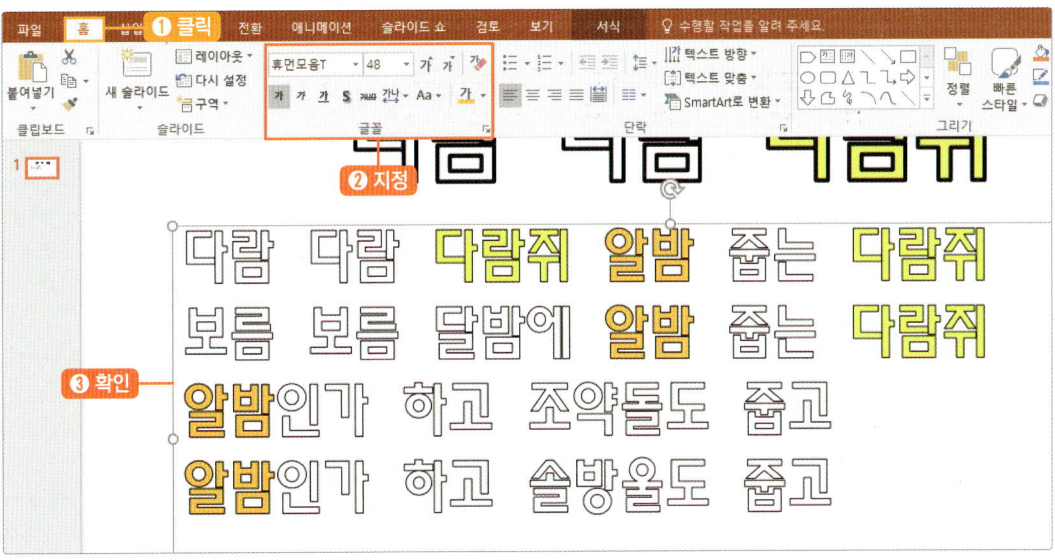

TIP 떨어져 있는 단어를 한 번에 블록으로 지정하기

- Ctrl 키를 누른 채 원하는 단어를 각각 드래그하여 블록으로 지정하면 한 번에 서식을 변경할 수 있습니다.
- 블록을 해제하기 위해서는 Esc 키를 누릅니다.

Chapter 10 다람쥐 동시 꾸미기 • 061

③ 내용 텍스트 상자의 테두리를 클릭한 후 [홈]-[단락]-'가운데 맞춤(≡)'과 [텍스트 맞춤(↕)]-'중간'을 선택합니다.

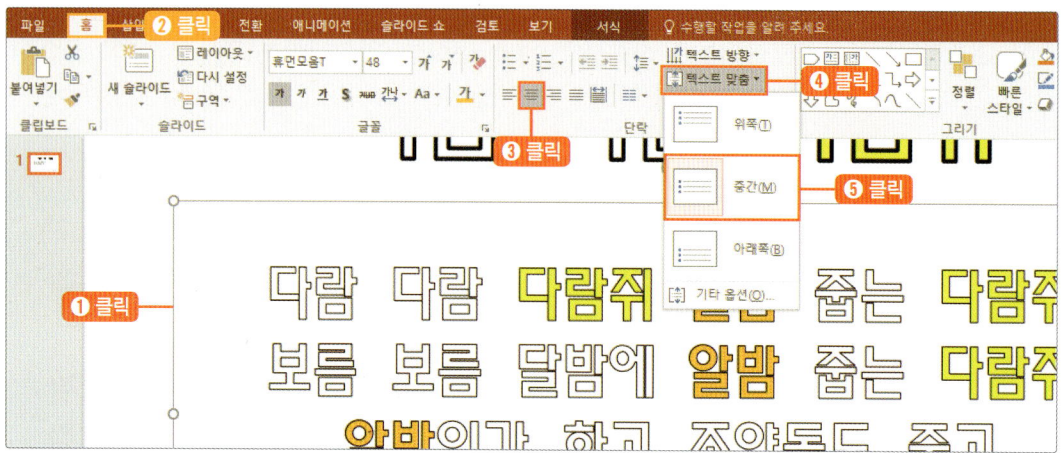

03 슬라이드 배경에 그림을 채우기

① 슬라이드의 빈 곳 위에서 마우스 오른쪽 버튼을 눌러 [배경 서식]을 클릭합니다. 오른쪽 작업 창이 활성화되면 [그림 또는 질감 채우기]를 선택한 후 <파일>을 클릭합니다.

② [10일차]-'다람쥐배경'을 선택한 후 투명도를 '50%' 정도로 지정합니다.
   ※ 투명도의 숫자가 높아질수록 배경에 삽입된 그림이 투명해져요!

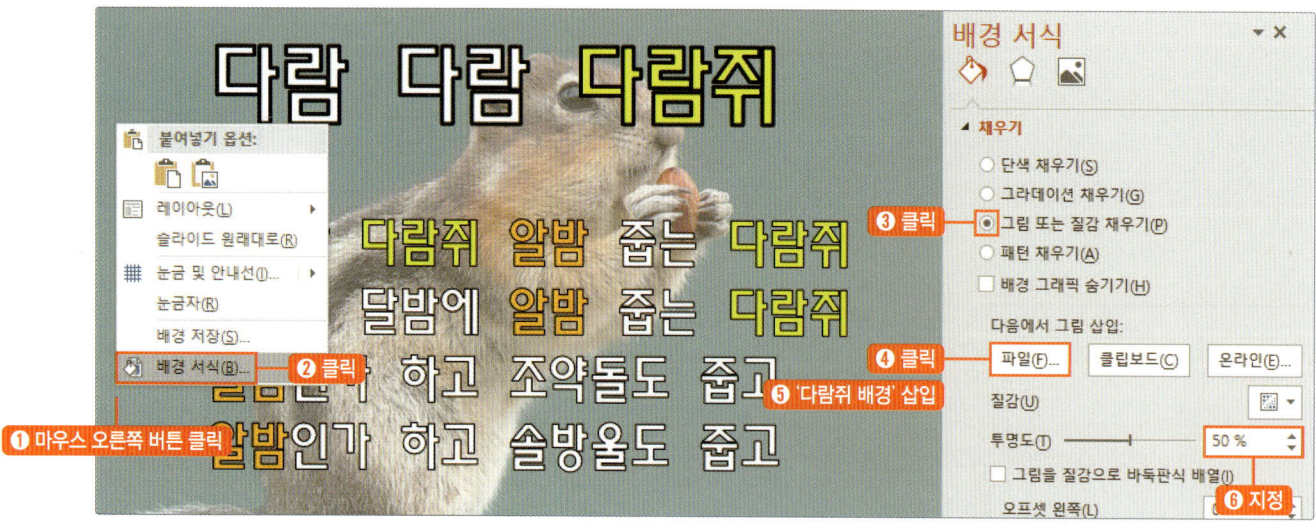

혼자서 뚝딱 뚝딱!

📂 불러올 파일 : 10일차_연습.pptx 📗 완성된 파일 : 10일차_연습(완성).pptx

1 10일차_연습.pptx 파일을 열어 아래 그림과 같이 작품을 완성해보세요.

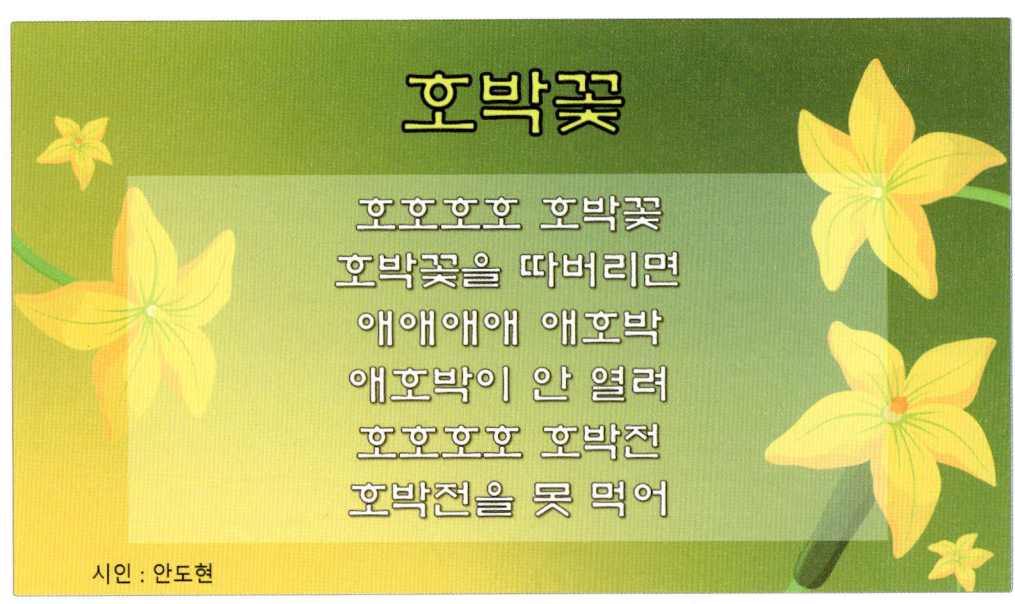

① 제목을 입력한 후 제목의 글꼴 서식을 변경합니다.
② 내용의 글꼴 서식을 변경한 후 가운데(중간)로 정렬합니다.
③ [10일차]-'호박꽃배경' 이미지를 이용하여 배경을 지정합니다.
④ 내용이 입력된 텍스트 상자에 색상을 채운 후 투명도를 지정합니다.

TIP 텍스트 상자에 투명도를 지정하는 방법

내용이 입력된 텍스트 상자 안에서 마우스 오른쪽 버튼을 눌러 [도형 서식]을 클릭합니다. 작업 창에서 채우기-'단색 채우기'를 클릭한 후, 원하는 색상을 선택하여 '투명도'를 적당하게 조절합니다.

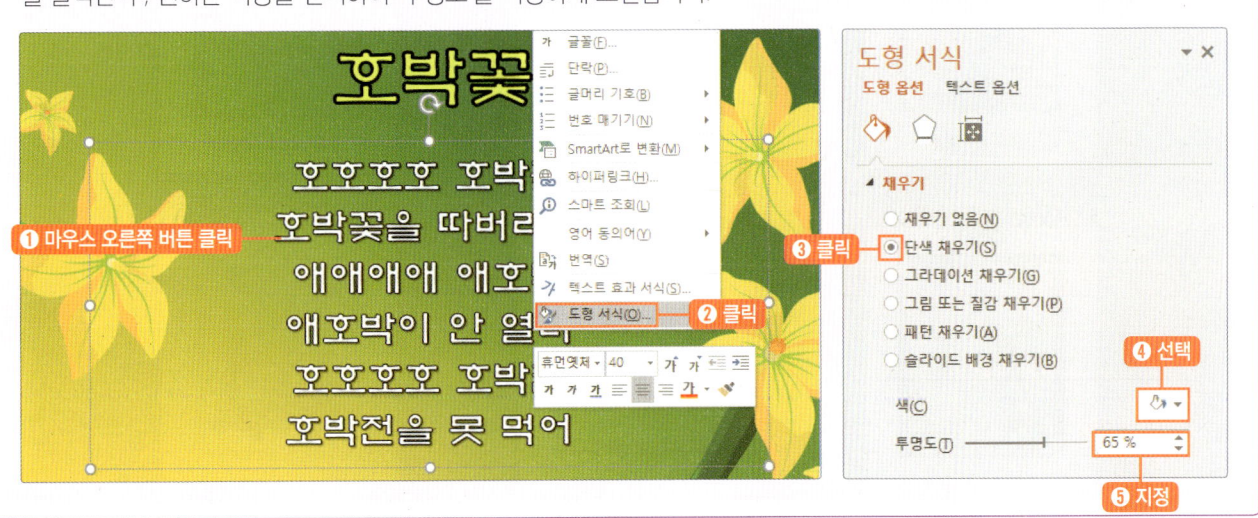

CHAPTER 11
일러스트 앨범 만들기

학습목표

- 텍스트의 정렬을 변경해봅니다.
- 그림에 여러 가지 스타일을 적용하여 꾸며봅니다.

📁 불러올 파일 : 11일차.pptx   📁 완성된 파일 : 11일차(완성).pptx

창의력 플러스

1. 추억이 있는 장소나 상황은 오랫동안 기억하고 싶어져요. 기억하고 싶은 순간을 사진으로 남겨 앨범으로 간직한다면 보고 싶을 때마다 꺼내어 볼 수 있지요!

   ▶ 나만의 앨범에 넣고 싶은 소중한 순간을 생각해 본 후 당시 상황을 적어보세요.

   > 예) 강아지와 함께 바다에 놀러갔었는데 수영을 잘해서 깜짝 놀랐어요.

2. 그림에 숨어 있는 물건들을 찾아보세요.

   ☐ 시계   ☐ 연필   ☐ 책   ☐ 농구공   ☐ 음표   ☐ 오리   ☐ 공룡   ☐ 고추

텍스트 정렬을 변경한 후 도형 복사하기

① '11일차.pptx'를 불러옵니다. 이어서, 슬라이드의 빈 곳 위에서 마우스 오른쪽 버튼을 눌러 [배경 서식]을 클릭한 후 오른쪽 작업 창이 나오면 [그림 또는 질감 채우기]에서 원하는 질감을 선택합니다.

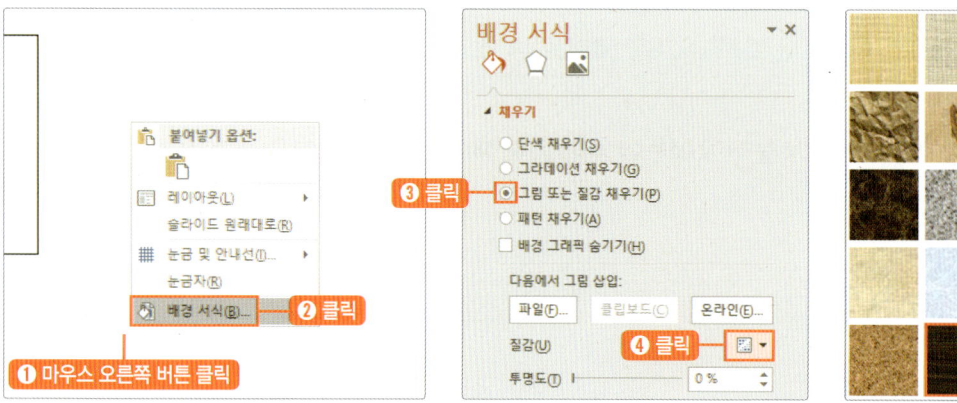

② 삽입된 도형을 선택한 후 [홈]-[글꼴]에서 원하는 글꼴을 선택합니다. 이어서, [홈]-[단락]-[텍스트 맞춤( )]-'아래쪽'을 클릭합니다.

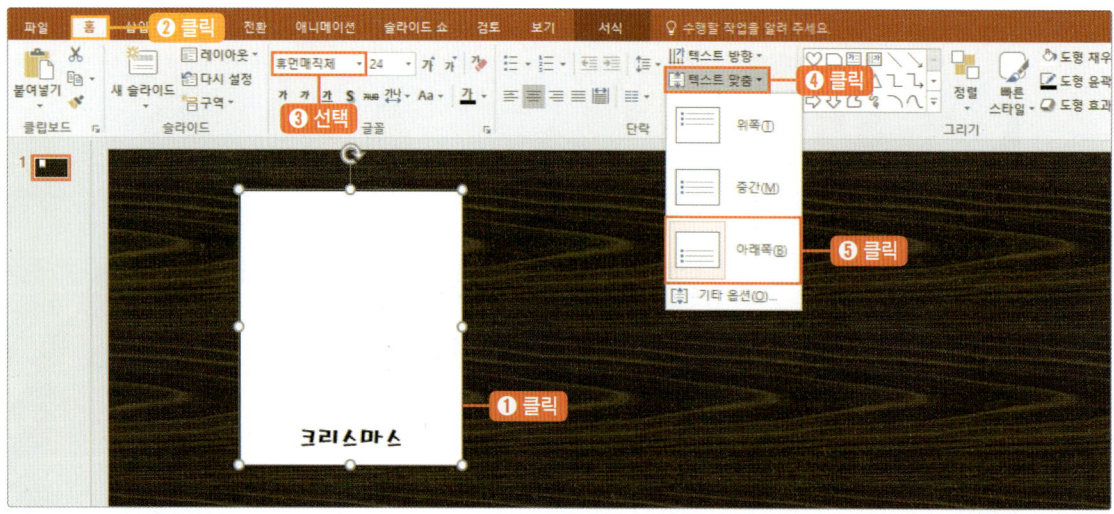

TIP [단락] 그룹 더 알아보기!

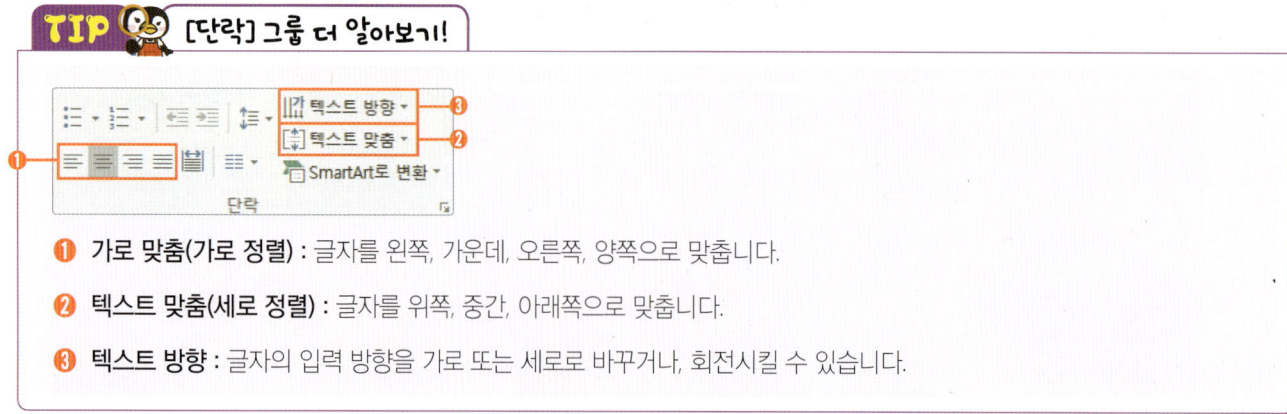

① 가로 맞춤(가로 정렬) : 글자를 왼쪽, 가운데, 오른쪽, 양쪽으로 맞춥니다.

② 텍스트 맞춤(세로 정렬) : 글자를 위쪽, 중간, 아래쪽으로 맞춥니다.

③ 텍스트 방향 : 글자의 입력 방향을 가로 또는 세로로 바꾸거나, 회전시킬 수 있습니다.

❸ Ctrl + Shift 키를 누른 채 도형을 드래그하여 아래 그림과 같이 복사합니다.

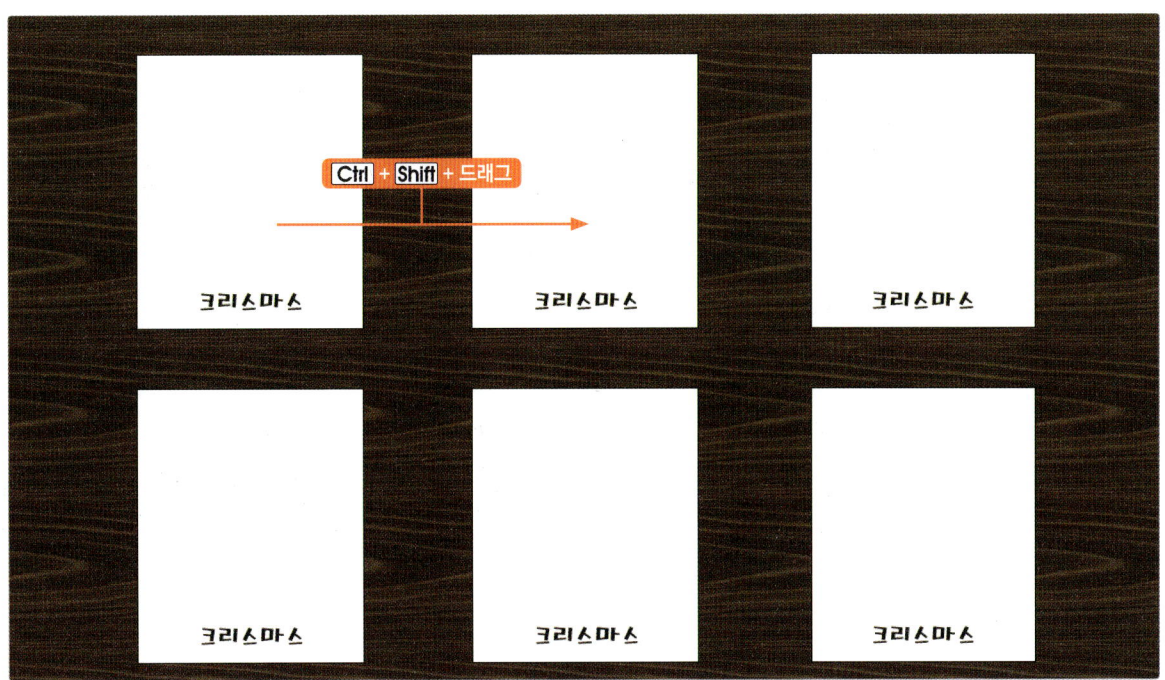

02 그림을 삽입하고, 그림 스타일 적용하기

❶ [삽입]-[이미지]-[그림()]을 클릭한 후 [11일차]-'일러스트1'을 선택하여 삽입합니다.

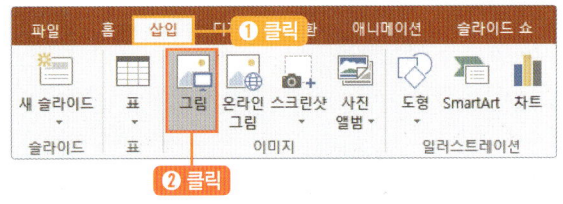

❷ 그림의 위치를 아래와 같이 변경한 후 [서식]-[그림 스타일]에서 원하는 스타일을 선택합니다.

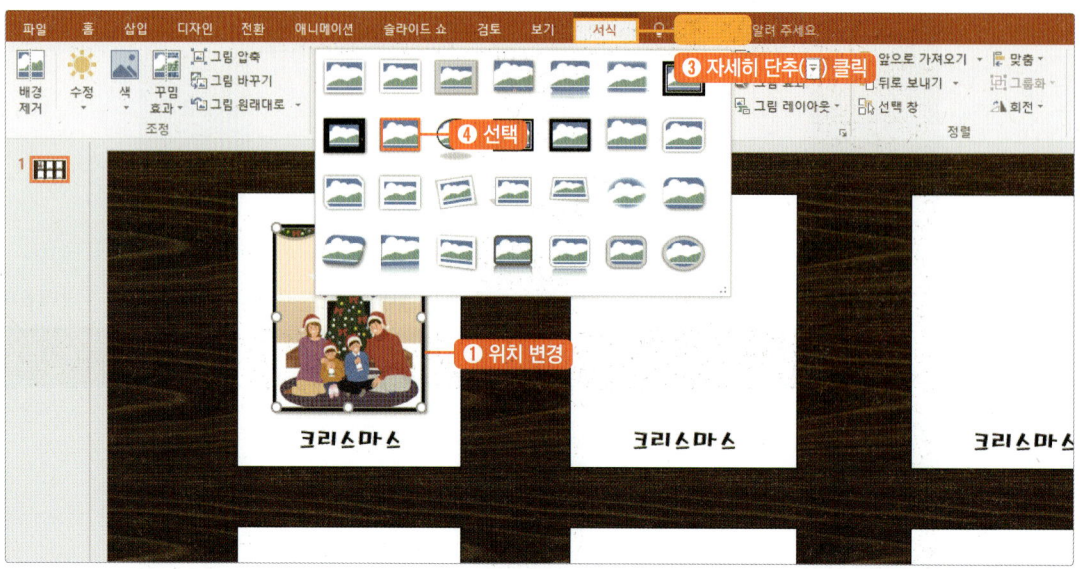

❸ 아래 그림을 참고하여 입력된 텍스트를 수정하고, 알맞은 그림을 삽입합니다. 이어서, 각각의 그림에 여러 가지 스타일을 적용합니다.

※ '크리스마스' 텍스트를 블록으로 지정한 후 새로운 내용을 입력하세요.

❹ [삽입]-[이미지]-[그림()]을 클릭한 후 [11일차]-'집게' 이미지를 삽입하여 작품을 완성합니다.

📂 불러올 파일 : 11일차_연습.pptx   💾 완성된 파일 : 11일차_연습(완성).pptx

1   11일차_연습.pptx 파일을 열어 아래 그림과 같이 작품을 완성해보세요.

❶ 슬라이드 배경에 원하는 질감을 채웁니다.
❷ 삽입된 도형을 선택한 후 [홈]-[단락]-[텍스트 방향(▦)]-'세로', [텍스트 맞춤(▦)]-'오른쪽'을 지정합니다.
❸ 도형을 복사한 후 내용을 수정하고, 알맞은 그림을 삽입합니다.
❹ 그림에 여러 가지 스타일을 적용합니다.
　※ 그림 테두리의 색상은 [서식]-[그림 스타일]-[그림 테두리]에서 변경할 수 있어요.

CHAPTER 12 우쿨렐레 만들기

학습목표
- 도형 병합 기능을 이용해서 새로운 도형을 만들어봅니다.
- 개체를 그룹으로 지정한 후 복사합니다.
- 도형을 패턴으로 채워봅니다.

불러올 파일 : 없음   완성된 파일 : 12일차(완성).pptx

창의력 플러스

- '병합'이란 두 개 이상의 모양을 하나의 개체로 합치는 것을 뜻하며 다양한 도형을 병합하여 새로운 모양의 도형을 만들 수도 있답니다. 아래 그림은 하트 4개와 곡선을 병합하여 네 잎 클로버를 만든 것이에요. 연필을 떼지 않고 한 번에 네 잎 클로버를 그려볼까요?

 따라서 그려보세요!

01 슬라이드 배경에 그림을 채우기

 새 프레젠테이션을 열어 슬라이드 빈 곳 위에서 마우스 오른쪽 버튼을 클릭한 후 [레이아웃]-[빈 화면]을 선택합니다.

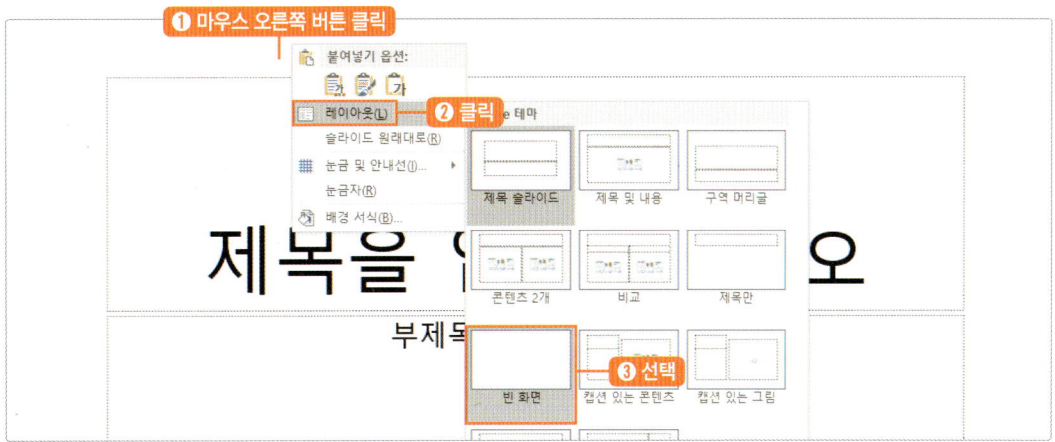

② 슬라이드 위에서 마우스 오른쪽 버튼을 눌러 [배경 서식]을 클릭합니다. 오른쪽 작업 창이 활성화되면 [그림 또는 질감 채우기]를 선택한 후 <파일>을 클릭합니다.

③ [12일차]-'우쿨렐레배경'을 선택합니다.

02 도형 병합 기능을 사용하여 새로운 도형 만들기

① [삽입]-[일러스트레이션]-[도형()]에서 [기본 도형]-[타원(○)]을 클릭한 후 그림과 같이 도형을 삽입합니다.

※ Shift 키를 누른 채 도형을 삽입하면 가로 세로 비율이 똑같은 도형을 그릴 수 있어요.

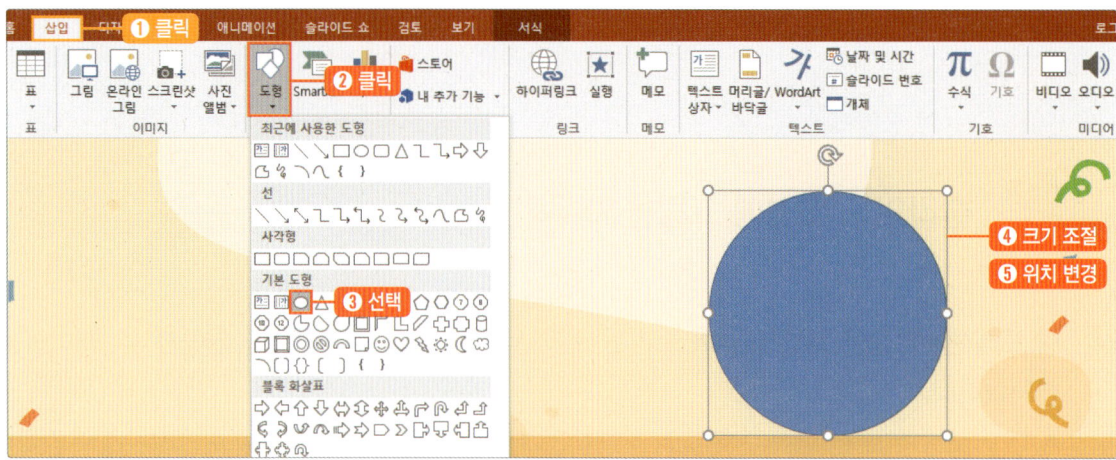

② 동일한 방법으로 '타원'을 한 개 더 삽입한 후 그림과 같이 크기와 위치를 변경합니다.

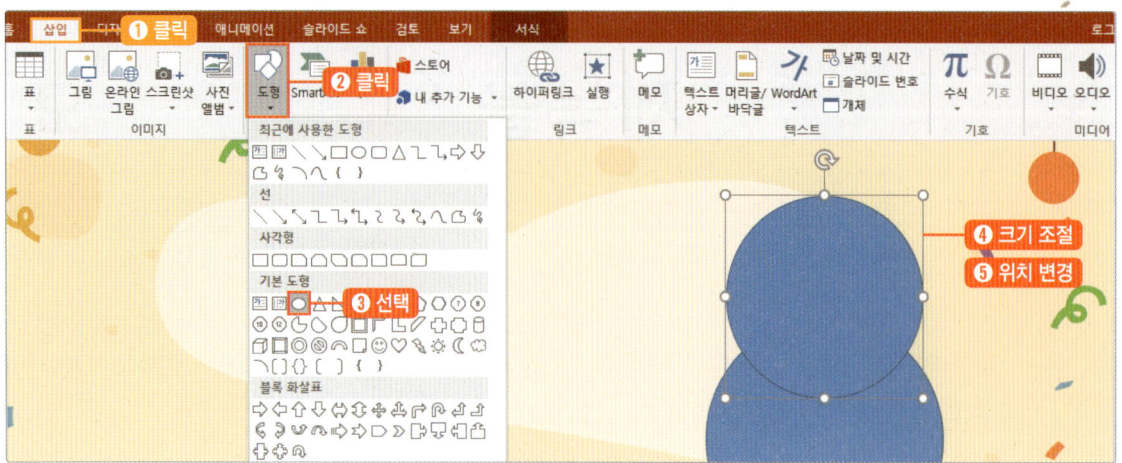

❸ 그림과 같이 드래그하여 도형을 선택한 후 [서식]-[도형 삽입]-[도형 병합()]-[병합(◯)]을 클릭합니다.
   ※ Ctrl + A 키를 눌러 슬라이드에 삽입된 모든 도형을 한 번에 선택할 수도 있어요.

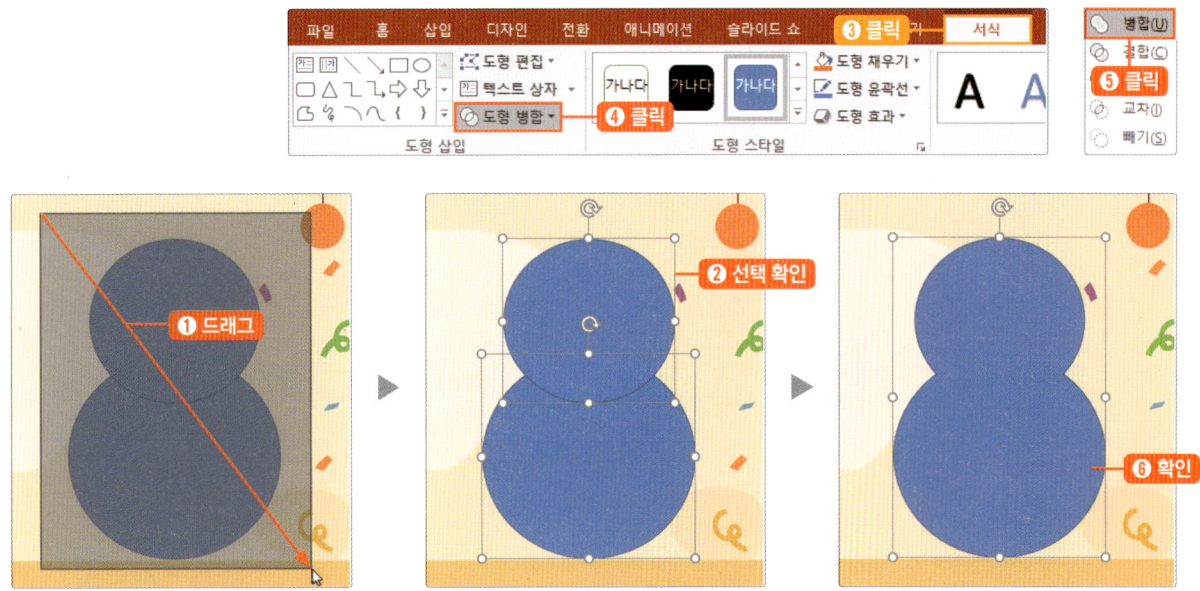

❹ [삽입]-[이미지]-[그림(🖼)]을 클릭한 후 [12일차]-'우쿨렐레 줄'을 선택하여 삽입합니다.

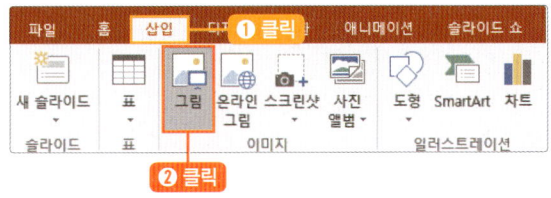
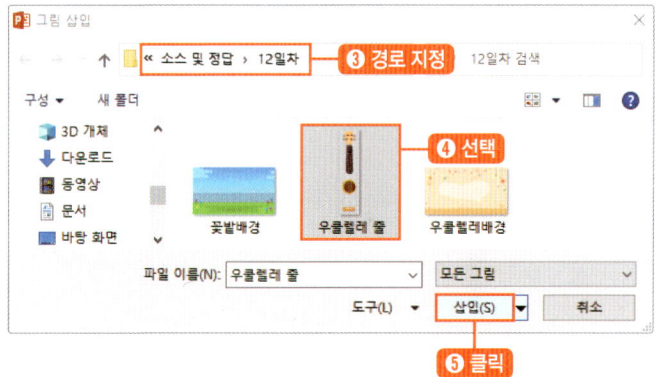

❺ 아래 그림을 참고하여 우쿨렐레 줄의 크기를 조절한 후 위치를 변경합니다.

❻ 병합된 도형의 크기를 적당하게 조절합니다.

03 개체를 그룹화하고 패턴 채우기

① **Ctrl** + **A** 키를 눌러 모든 개체를 선택합니다. 이어서, 개체 위에서 마우스 오른쪽 버튼을 눌러 [그룹화] -[그룹]을 선택합니다.

② 그룹으로 지정된 우쿨렐레의 몸통을 빠르게 세 번 클릭한 후 우쿨렐레의 몸통 위에서 마우스 오른쪽 버튼을 눌러 [도형 서식]을 선택합니다.

③ 오른쪽 작업 창이 활성화되면 [패턴 채우기]에서 원하는 전경색과 패턴을 선택합니다.

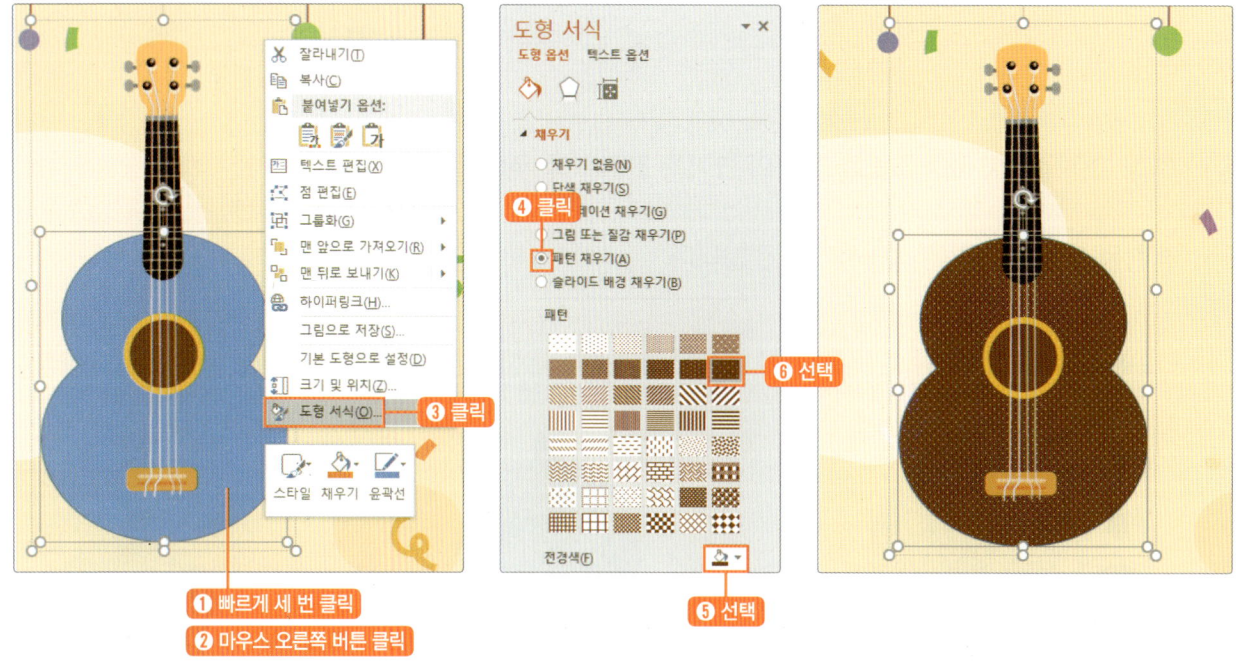

❹ 완성된 우쿨레레를 왼쪽으로 두 개 복사합니다. 이어서, '우쿨렐레 몸통'을 빠르게 세 번 클릭한 후 원하는 방법으로 도형을 채워 슬라이드를 완성합니다.

※ 이전에 배웠던 '질감 채우기'와 '그라데이션 채우기'를 사용해요.

 혼자서 뚝딱 뚝딱!

📂 불러올 파일 : 없음   💾 완성된 파일 : 12일차_연습(완성).pptx

1 새 프레젠테이션을 열어 아래 그림과 같이 작품을 완성해보세요.

❶ [12일차]-'꽃밭배경' 이미지를 이용하여 배경을 지정합니다.
❷ [기본 도형]-[하트(♡)] 4개를 삽입한 후 병합하여 꽃잎을 작업합니다.
❸ 꽃잎 외 사용한 도형 : [순서도]-[순서도: 가산 접합(⊗)], [기본 도형]-[이등변 삼각형(△)]

※ 도형을 그룹으로 지정하지 않은 채 크기를 조절하면 도형이 각각 흩어져 다시 배치하는 번거로움이 생기게 되므로 하나의 꽃이 완성되면 그룹으로 지정한 후 작업하도록 해요.

Chapter 12 우쿨렐레 만들기 • **075**

CHAPTER 13
꿀벌이 집 찾아주기

학습목표
- 도형을 삽입한 후 사용자 지정 경로 애니메이션을 적용해봅니다.
- 애니메이션의 타이밍을 지정하여 애니메이션이 적용된 슬라이드를 완성합니다.

📂 불러올 파일 : 13일차.pptx 📄 완성된 파일 : 13일차(완성).pptx

배울내용 미리보기!

창의력 플러스

● 작은 숫자부터 큰 숫자까지 세어가며 순서대로 점을 이어보세요.

1

2

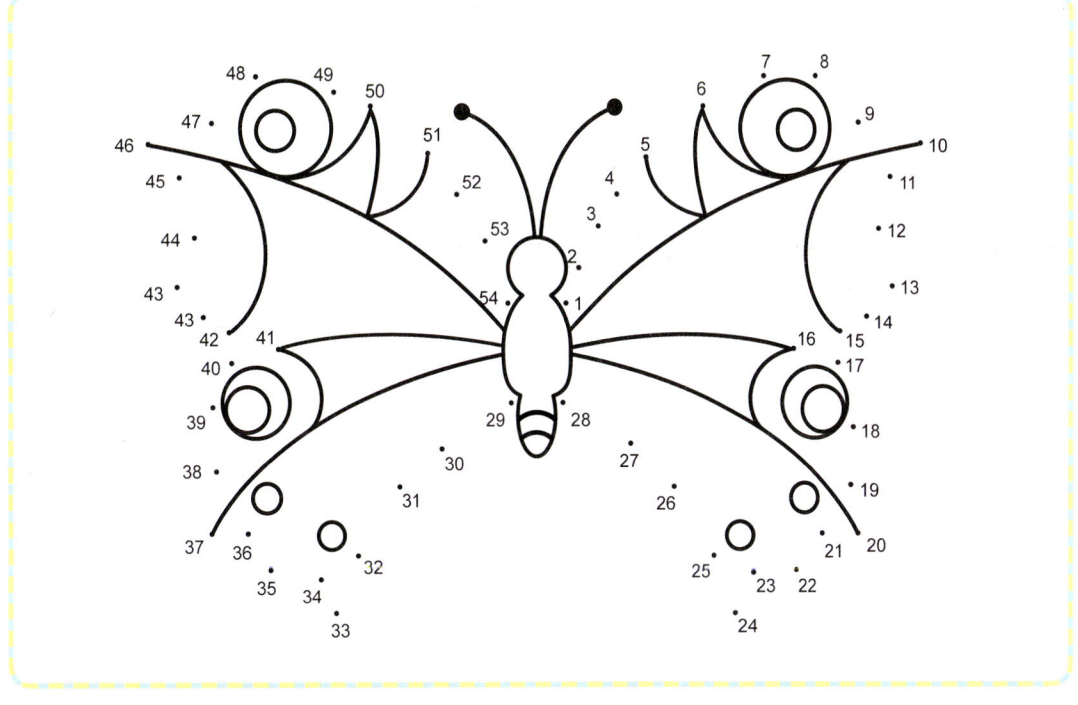

Chapter 13 꿀벌이 집 찾아주기

이미지를 삽입한 후 애니메이션을 적용하기

① '13일차.pptx'를 불러옵니다. 이어서, [삽입]-[이미지]-[그림( )]을 클릭한 후 [13일차]-'꿀벌이'를 선택하여 삽입합니다.

② [서식]-[정렬]-[회전( )]-[좌우 대칭( )]을 선택한 후 그림과 같이 위치를 변경합니다.

③ 그림이 선택된 상태에서 [애니메이션]-[고급 애니메이션]-[애니메이션 추가( )]-[이동 경로-사용자 지정 경로( )]를 클릭합니다.

※ 애니메이션 추가를 눌렀을 때 '사용자 지정 경로( )'가 보이지 않는다면 스크롤 바를 내려보세요.

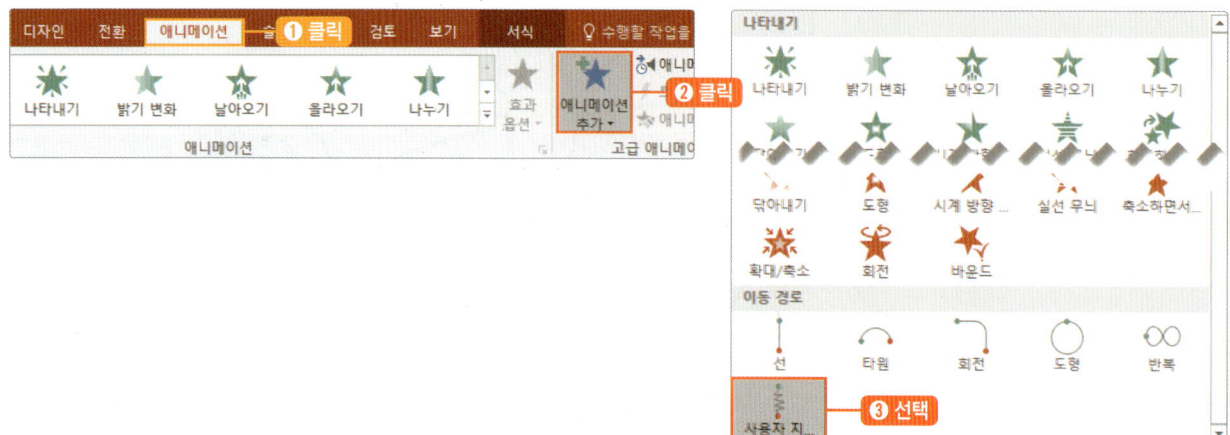

④ 마우스 포인터가 '✚' 모양으로 변경되면 점선을 따라 드래그합니다.

※ 경로가 끝나는 부분에서 더블 클릭해요.

TIP 애니메이션 경로 삭제

잘못 그려진 애니메이션의 경로를 클릭한 후 Delete 키를 누르면 삭제됩니다.

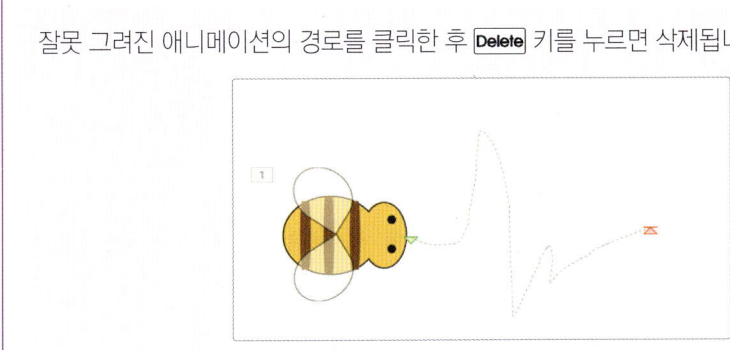
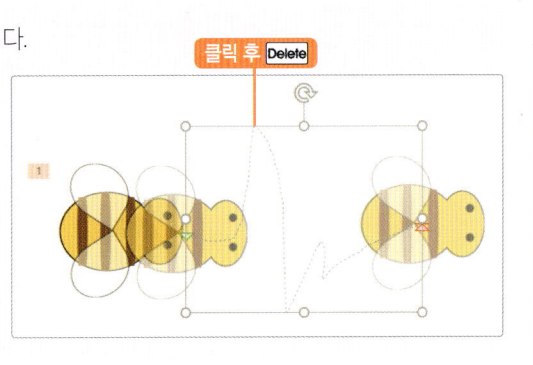

02 애니메이션의 타이밍을 설정하기

 [애니메이션]-[고급 애니메이션]-[애니메이션 창()]을 클릭합니다.

Chapter 13 꿀벌이 집 찾아주기 • 079

❷ 오른쪽 작업 창이 활성화되면 적용된 애니메이션을 더블 클릭한 후 [타이밍]탭을 선택하여 다음과 같이 변경합니다.

- 시작 : 이전 효과와 함께
- 재생시간 : 3초(느리게)
- 반복 : 슬라이드가 끝날 때까지

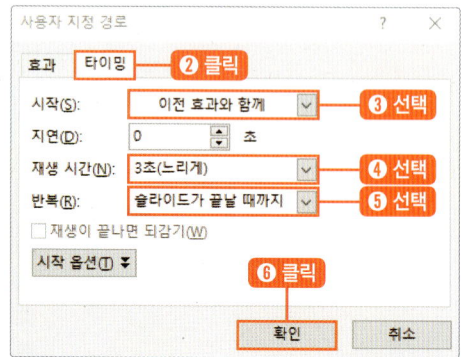

❸ F5 키를 눌러 [슬라이드 쇼]를 실행한 후 애니메이션을 확인합니다.

※ Esc 키를 누르면 [슬라이드 쇼]를 종료할 수 있어요.

TIP 애니메이션 타이밍

❶ 시작
- 클릭할 때 : Enter 키 등을 누르거나 화면을 클릭하면 애니메이션이 재생됩니다.
- 이전 효과와 함께 : 애니메이션이 자동 재생됩니다.
- 이전 효과 다음에 : 두 개 이상의 애니메이션이 적용되었을 때, 먼저 적용된 애니메이션이 끝난 후 재생됩니다.

❷ 지연
- 애니메이션이 바로 재생되지 않고 설정한 시간이 지난 후 재생됩니다.

❸ 재생 시간
- 애니메이션의 실행 속도를 지정할 수 있습니다.

❹ 반복
- 2~10(또는 숫자 입력) : 지정된 횟수만큼 애니메이션이 반복 재생됩니다.
- 다음 클릭할 때까지 : 화면을 클릭할 때까지 애니메이션이 반복 재생됩니다.
- 슬라이드가 끝날 때까지 : 해당 슬라이드가 종료되기 전까지 애니메이션이 반복 재생됩니다.

CHAPTER 13 혼자서 뚝딱 뚝딱!

📁 불러올 파일 : 없음   💾 완성된 파일 : 13일차_연습(완성).pptx

1 새 프레젠테이션을 열어 아래 그림과 같이 작품을 완성해보세요.

❶ [13일차]-'농구배경' 이미지를 슬라이드 배경으로 지정합니다.

❷ [13일차]-'골대그물' 이미지를 삽입하여 농구 골대를 완성합니다.

❸ [순서도]-[순서도: 가산 접합(⊗)] 도형을 삽입하여 농구공을 만듭니다.
   ※ 농구공에 [맨 뒤로 보내기]를 적용하여 골대그물 뒤쪽으로 위치시킬 수 있어요.

❹ [이동 경로]-[사용자 지정 경로()]를 이용하여 애니메이션을 적용합니다.

❺ 애니메이션의 [타이밍]을 다음과 같이 지정합니다.
   • '시작 : 이전 효과와 함께', '지연 : 0.5초', '재생 시간 : 2초(중간)', '반복 : 슬라이드가 끝날 때까지'

CHAPTER 14 퍼즐 게임 만들기

학습목표
- 슬라이드에 표를 삽입한 후 그림을 채워봅니다.
- 그림으로 저장(Windows 메타파일) 기능을 이용하여 퍼즐을 만들어봅니다.

📁 불러올 파일 : 14일차.pptx   📁 완성된 파일 : 14일차(완성).pptx

창의력 플러스

● 빈 곳에 들어갈 퍼즐 조각 2개를 찾아보세요.

01 슬라이드에 표를 삽입하기

 '14일차.pptx'를 불러온 후 [삽입]-[표]-[표()]-[표 삽입]을 클릭합니다.

열 개수와 행 개수를 '5'로 지정한 후 <확인> 단추를 클릭하여 슬라이드에 삽입된 표를 확인합니다.

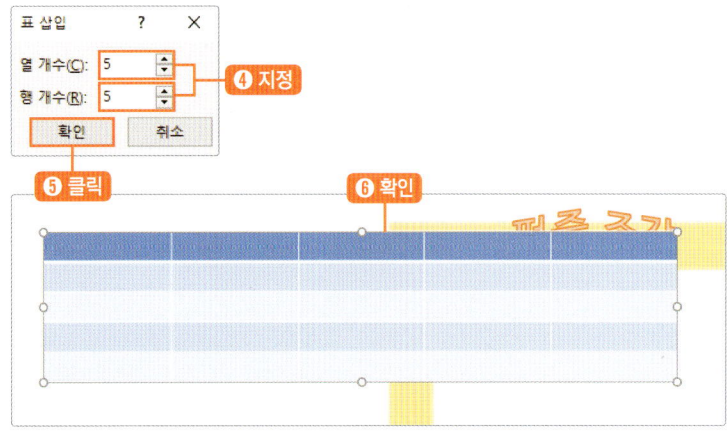

Chapter 14 퍼즐 게임 만들기 • 083

❸ 표의 테두리를 클릭한 후 [레이아웃]-[셀 크기]에서 높이와 너비를 '3'으로 지정합니다. 이어서, 표의 테두리를 드래그하여 위치를 변경합니다.

※ 표의 특정 셀에 커서가 위치되면 해당 셀의 크기만 변경되니 유의하세요!

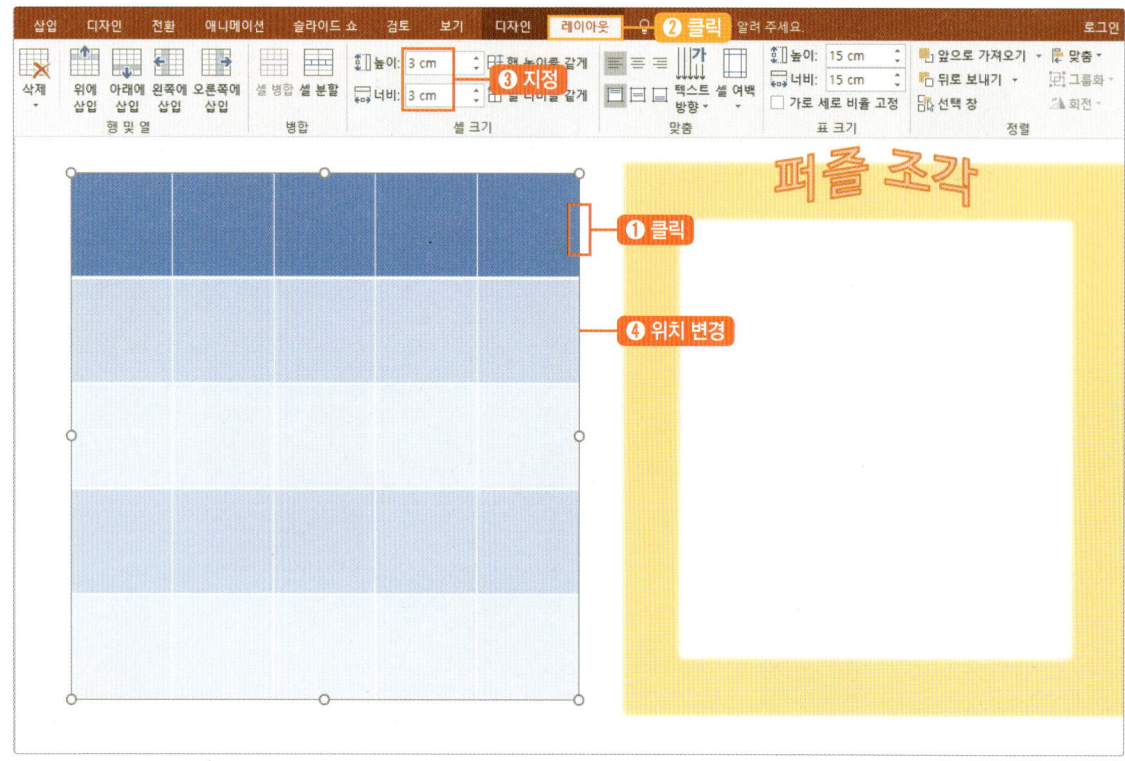

02 표에 그림을 채운 후 테두리 지정하기

❶ 표의 테두리 위에서 마우스 오른쪽 버튼을 눌러 [도형 서식]을 클릭합니다. 이어서, [그림 또는 질감 채우기]를 선택한 후 <파일>을 클릭합니다.

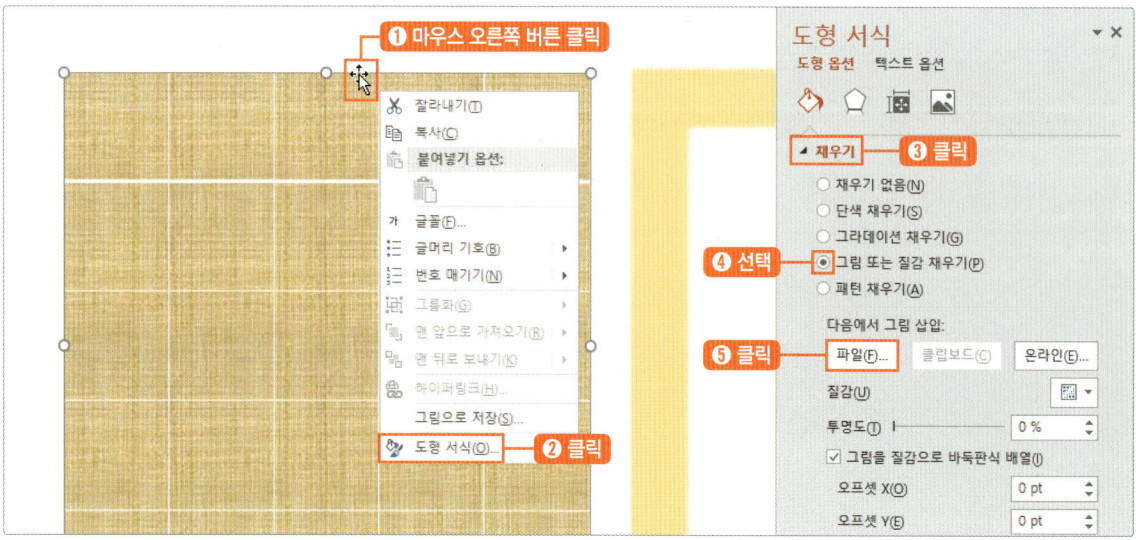

❷ [14일차]에서 '그림1'을 선택한 후 <삽입> 단추를 클릭합니다.

❸ 오른쪽 작업 창에서 '그림을 질감으로 바둑판식 배열'에 체크한 후 닫기(×) 단추를 클릭합니다.

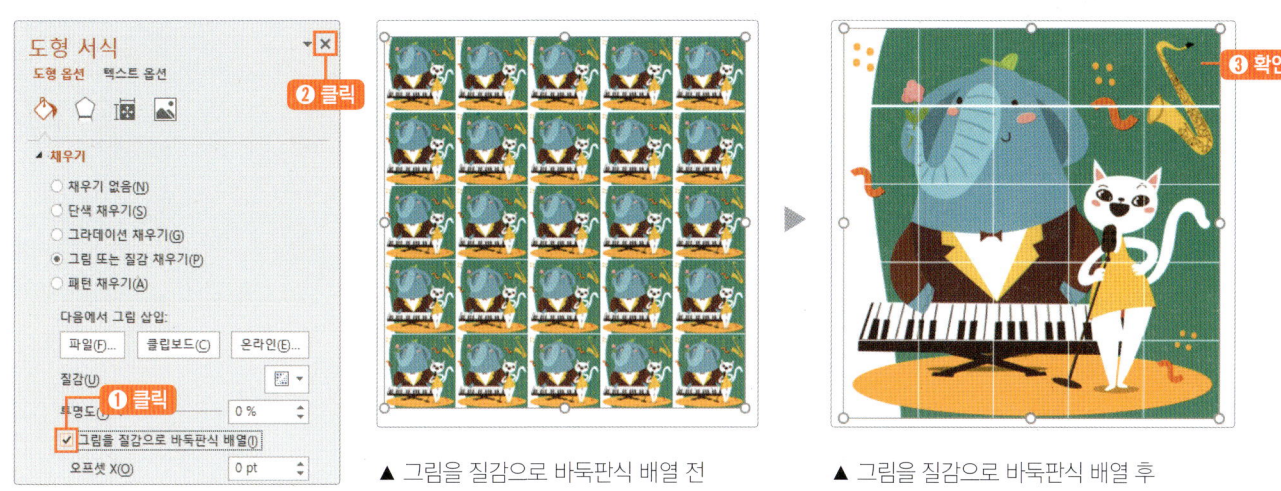

▲ 그림을 질감으로 바둑판식 배열 전   ▲ 그림을 질감으로 바둑판식 배열 후

❹ 표의 테두리가 선택된 상태에서 [디자인]-[표 스타일]-[테두리]-[모든 테두리]를 클릭합니다.

Chapter 14 퍼즐 게임 만들기 • 085

03 표를 그림으로 저장한 후 퍼즐 완성하기

① 표의 테두리 위에서 마우스 오른쪽 버튼을 눌러 [그림으로 저장]을 클릭합니다. 이어서 파일 형식을 'Windows 메타파일'로 지정한 후 <저장> 단추를 클릭합니다.

② 표의 테두리를 클릭한 후 Delete 키를 눌러 표를 삭제합니다.

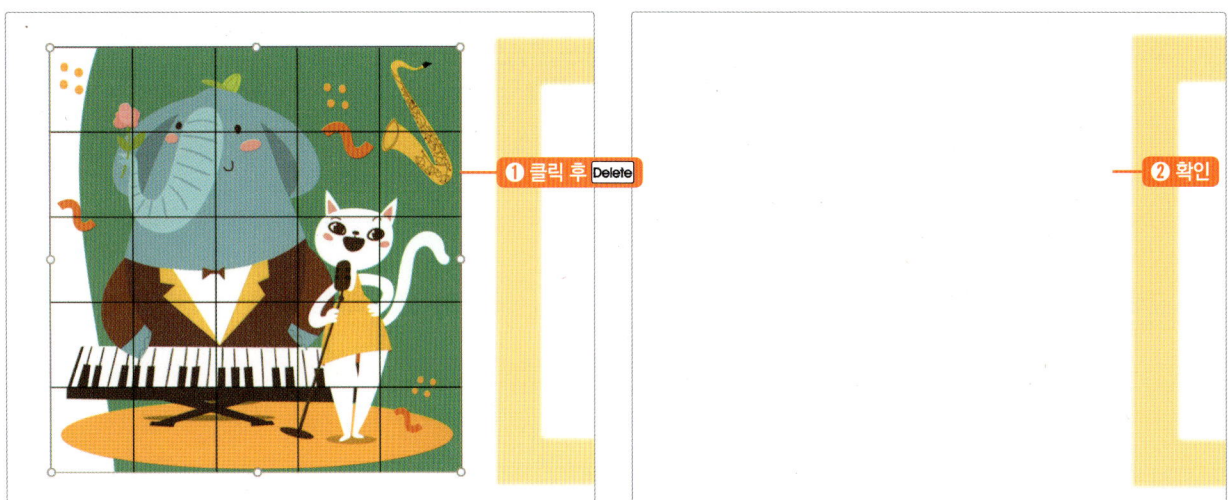

③ [삽입]-[이미지]-[그림( )]을 클릭하여 저장했던 Windows 메타파일( )을 삽입합니다.

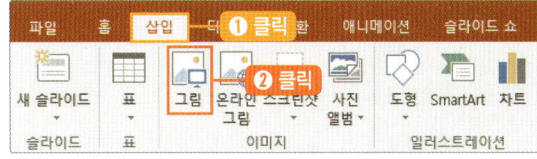

④ 삽입된 그림을 기존의 표의 위치로 이동합니다.
※ 퍼즐 그림의 크기는 조절하지 않아요!

⑤ 그림 위에서 마우스 오른쪽 버튼을 눌러 [그룹화]-[그룹 해제]를 클릭한 후 경고 메시지가 나오면 <예>를 클릭합니다.

⑥ [그룹화]-[그룹 해제]를 다시 한 번 반복합니다.

⑦ 퍼즐이 완성되면 Esc 키를 눌러 모든 선택을 해제한 후 퍼즐 조각을 오른쪽으로 이동합니다.

CHAPTER 14 혼자서 뚝딱 뚝딱!

📂 불러올 파일 : 14일차_연습.pptx   📁 완성된 파일 : 14일차_연습(완성).pptx

① 14일차_연습.pptx 파일을 열어 퍼즐을 완성한 후 퍼즐게임을 즐겨보세요.

▲ 표의 열·행의 개수(6) / 셀의 높이·너비(2.5)

▲ 표의 열·행의 개수(7) / 셀의 높이·너비(2.15)

Chapter 14 퍼즐 게임 만들기 • 087

CHAPTER 15 레고 얼굴 그리기

학 습 목 표

- 슬라이드 복제 기능을 이용하여 캐릭터의 표정을 다양하게 변경합니다.
- 각각의 슬라이드에 화면 전환 효과를 적용합니다.

📁 불러올 파일 : 15일차.pptx   📁 완성된 파일 : 15일차(완성).pptx

창의력 플러스

- 다음 조건에 맞추어 빈 칸에 들어갈 표정을 그려보세요. 단, 아래 3가지의 조건을 모두 만족해야 한답니다!

조건

❶ 어떤 가로줄에도 같은 표정이 나타나지 않도록 한다.

❷ 어떤 세로줄에도 같은 표정이 나타나지 않도록 한다.

❸ 아래 4개의 표정이 가로/세로 각각의 줄에 하나씩 들어가도록 한다.

01 레고 캐릭터 표정 그리기

❶ '15일차.pptx'를 불러온 후 [삽입]-[일러스트레이션]-[도형( )]에서 [기본 도형]-[타원( )]을 선택합니다.

❷ 그림과 같이 왼쪽 눈을 그린 후 도형 서식을 변경합니다.

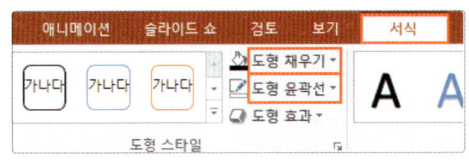

- 도형 채우기 : 검정색 계열
- 도형 윤곽선 : 윤곽선 없음

Chapter15 레고 얼굴 그리기 • **089**

③ Ctrl + Shift 키를 누른 채 왼쪽 눈을 오른쪽으로 드래그하여 복사합니다.
  ※ Ctrl + Shift 키를 누른 채 드래그하면 도형을 반듯하게 복사할 수 있어요.

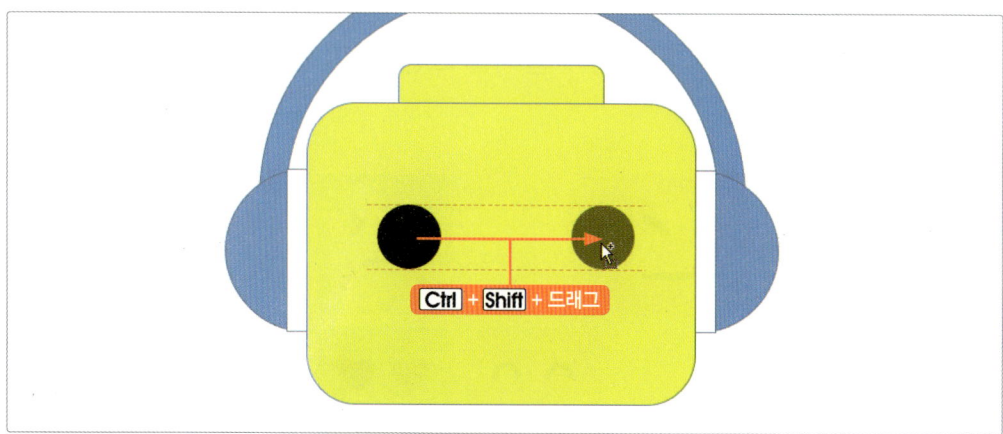

④ [삽입]-[일러스트레이션]-[도형( )]에서 [기본 도형]-[막힌 원호( )]를 선택한 후 그림과 같이 입을 완성합니다.

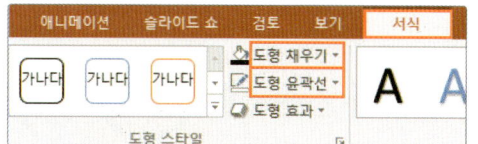

- 도형 채우기 : 검정색 계열
- 도형 윤곽선 : 윤곽선 없음

⑤ [서식]-[정렬]-[회전( )]-[상하 대칭]을 클릭한 후 크기 및 위치를 변경합니다.

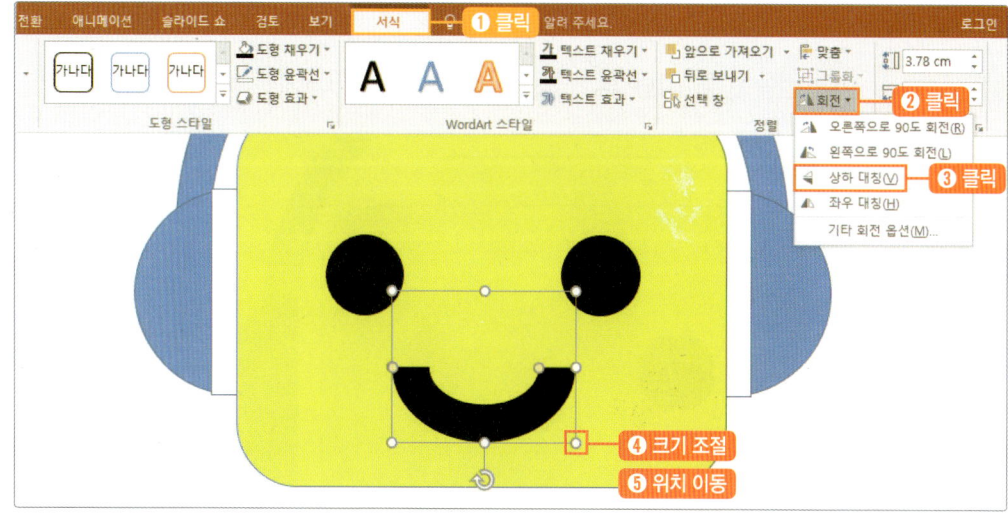

02 슬라이드를 복제한 후 도형의 모양 변경하기

① 슬라이드 미리 보기 창의 [슬라이드 1] 위에서 마우스 오른쪽 버튼을 눌러 [슬라이드 복제]를 두 번 반복하여 동일한 슬라이드 3개를 완성합니다.

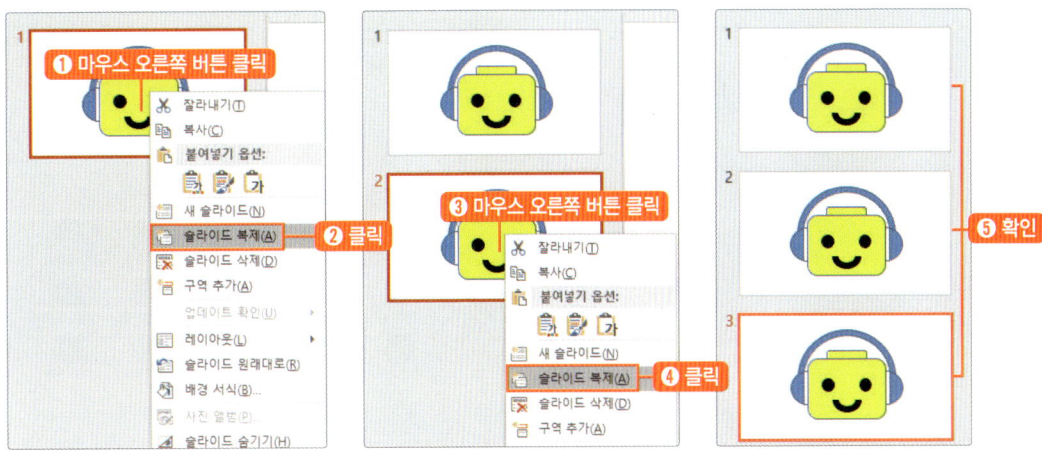

② [슬라이드 2]를 선택한 후 Shift 키를 누른 채 캐릭터의 눈을 각각 클릭합니다. 이어서, [서식]-[도형 삽입]-[도형 편집( )]-[도형 모양 변경]에서 [기본 도형]-[하트(♡)]를 클릭하여 눈 모양을 변경합니다.

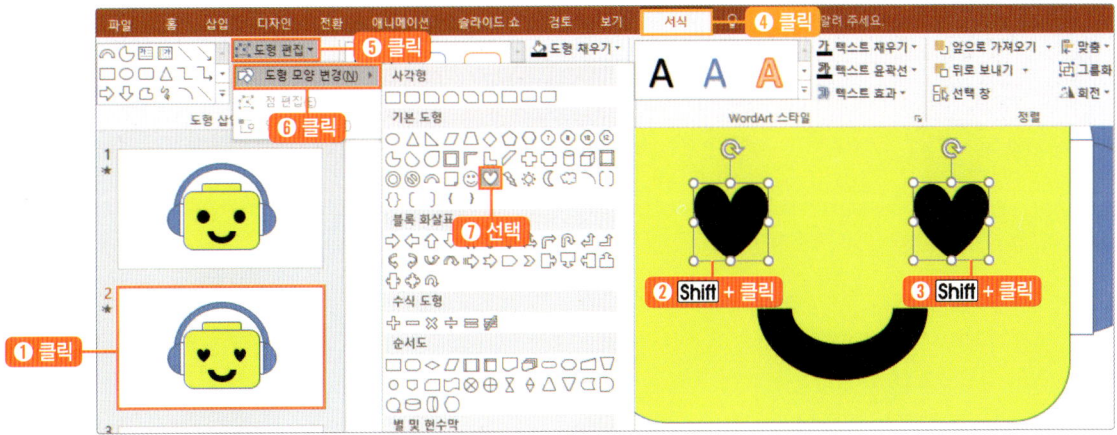

③ 동일한 방법으로 [슬라이드 2]와 [슬라이드 3]의 캐릭터 얼굴 표정을 자유롭게 변경한 후 이어폰의 색상을 다른 색으로 지정합니다.

▲ [슬라이드 2]

▲ [슬라이드 3]

슬라이드 화면 전환 효과 적용하기

❶ 슬라이드 미리 보기 창의 [슬라이드 1]을 클릭한 후 [전환]-[슬라이드 화면 전환]에서 [화려한 효과]-'종이 접기( )'를 선택합니다.

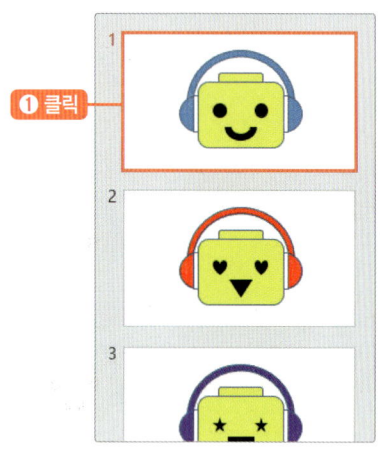

❷ 동일한 방법으로 각각의 슬라이드에 원하는 화면 전환 효과를 적용해봅니다.
※ 원하는 효과를 다양하게 적용해보세요!

TIP 슬라이드 미리 보기 창 '★' 모양의 비밀!

화면 전환 효과가 적용된 슬라이드는 슬라이드 미리 보기 창에 '★' 모양이 표시됩니다.

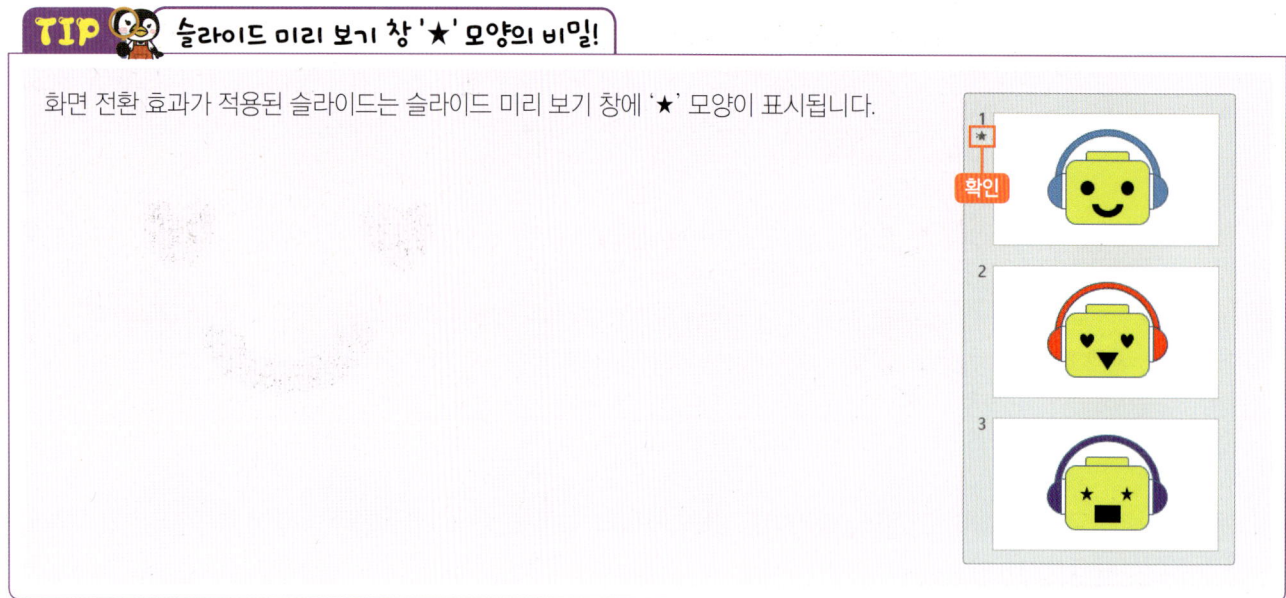

❸ F5 키를 눌러 적용된 슬라이드 화면 전환 효과를 확인합니다.
※ Enter 키를 눌러 다음 슬라이드로 이동할 수 있고, Esc 키를 눌러 [슬라이드 쇼]를 종료할 수 있어요.

1 15일차_연습.pptx 파일을 열어 고양이 얼굴을 완성해보세요.

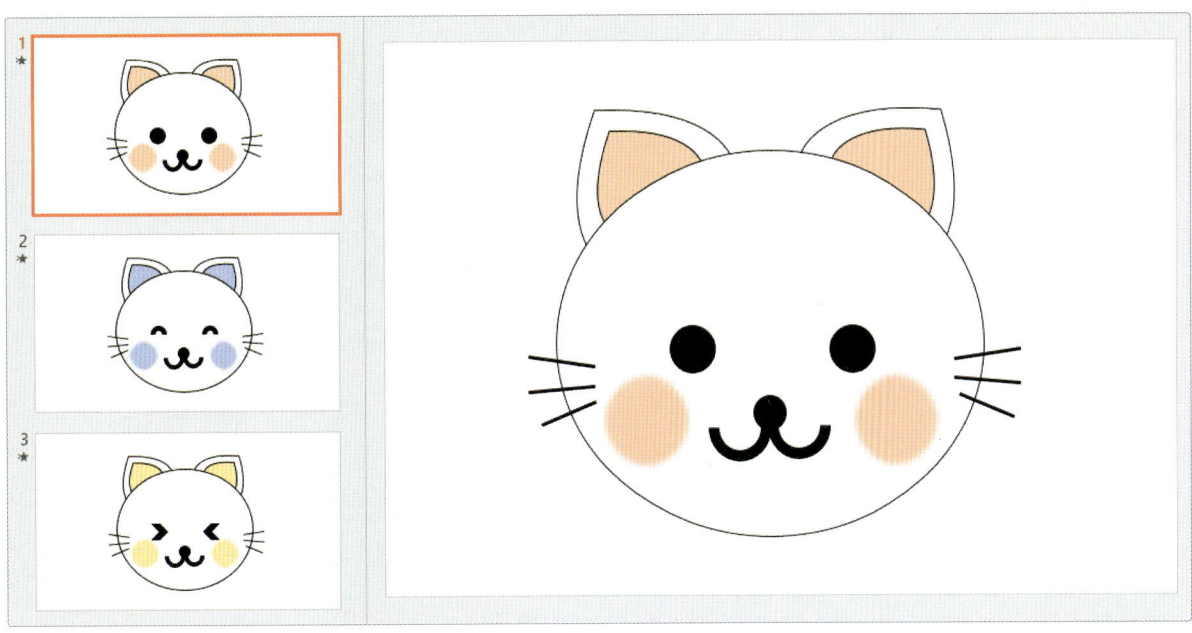

① [기본 도형]-[타원(○)]을 삽입하여 고양이의 얼굴을 완성합니다.
   ※ 고양이의 볼은 [서식]-[도형 효과]-[부드러운 가장자리]에서 효과를 적용할 수 있어요.
② 슬라이드 미리 보기 창에서 '슬라이드 복제'를 두 번 반복하여 3개의 슬라이드를 만듭니다.
③ [도형 편집( )]-[도형 모양 변경] 기능을 이용하여 [슬라이드 2]와 [슬라이드 3]의 고양이 눈 모양을 변경합니다.
④ [슬라이드 2]와 [슬라이드 3] 고양이의 귀와 볼을 다른 색으로 지정합니다.
⑤ 각각의 슬라이드에 다양한 화면 전환 효과를 적용해봅니다.

CHAPTER 16 단원 종합 평가 문제

학 습 목 표
- 9일차~15일차에서 배운 내용을 평가해봅니다.

1 [슬라이드 쇼]를 실행하는 바로 가기 키는 무엇인가요?

① F2   ② F3   ③ F4   ④ F5

2 이미 삽입된 도형의 색상과 윤곽선 서식을 유지한 채 도형의 모양만 바꾸고 싶다면 어떤 기능을 사용해야 할까요?

① 도형 병합
② 도형 그룹화
③ 도형 모양 변경
④ 애니메이션

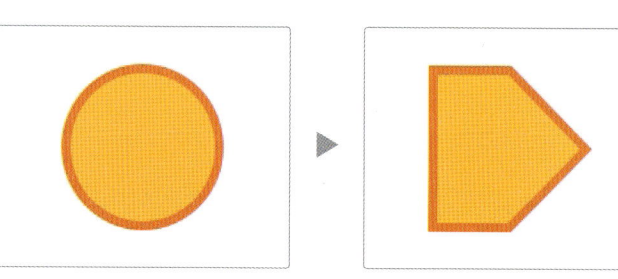

3 다음에서 사용한 텍스트 정렬 기능은 무엇인가요?

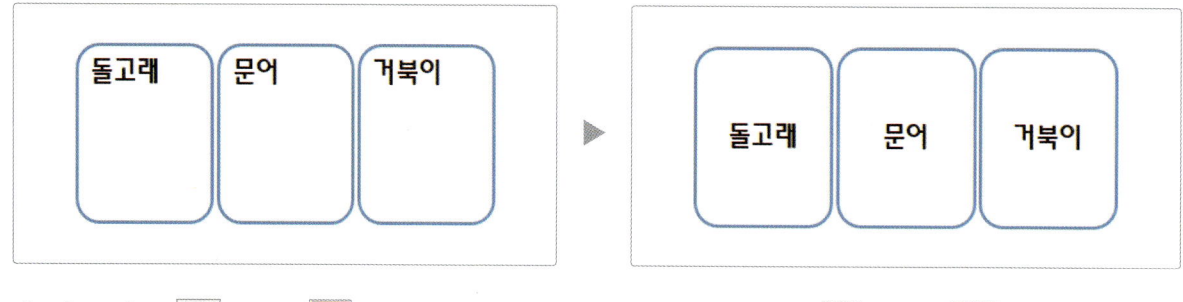

① 왼쪽 맞춤(≡), 위쪽(▭)
② 가운데 맞춤(≡), 중간(▭)
③ 오른쪽 맞춤(≡), 중간(▭)
④ 양쪽 맞춤(≡), 아래쪽(▭)

4 [서식]-[정렬]-[회전( )] 메뉴의 기능으로 올바르지 않은 것은 무엇인가요?

① 대각선 대칭   ② 오른쪽으로 90도 회전   ③ 상하 대칭   ④ 왼쪽으로 90도 회전

5 슬라이드에 삽입된 개체를 움직일 수 있도록 하는 기능은 무엇인가요?

❶ 애니메이션
❷ 그림
❸ 차트
❹ 슬라이드

6 작업 순서를 참고하여 아래 그림과 같이 슬라이드를 완성하세요.

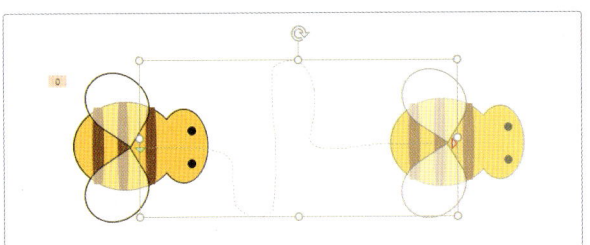

〈작업 순서〉

❶ 제목 텍스트의 글꼴 서식 변경
❷ [기본 도형]-[타원(○)]을 삽입 → 두 개의 도형을 겹치도록 배치 → [도형 병합]-[병합(◎)]
❸ 병합된 도형을 선택 → 도형 및 도형 윤곽선 서식 변경
❹ 병합된 도형을 선택 → 텍스트 입력 → 글꼴 서식 변경
❺ [그림]-'정글1~3' 그림 삽입 → [그림 스타일] 지정

CHAPTER 17
홍보 포스터 만들기

학 습 목 표

- 그림을 삽입하고 그림 효과를 적용해봅니다.
- 워드아트로 디자인된 문구를 완성합니다.

📁 불러올 파일 : 17일차.pptx   📁 완성된 파일 : 17일차(완성).pptx

창의력 플러스

- '사다리 타기' 게임은 세로 선을 따라 아래로 줄을 긋다가 가로 선을 만나면 오른쪽 또는 왼쪽으로 사다리를 타고 한 칸을 이동한 후 다시 세로 선으로 내려가는 것을 반복하여 도착 지점에 도달하는 게임입니다.

1 사다리 게임을 통해 조합되는 글자를 주황색 칸에 적어보세요.

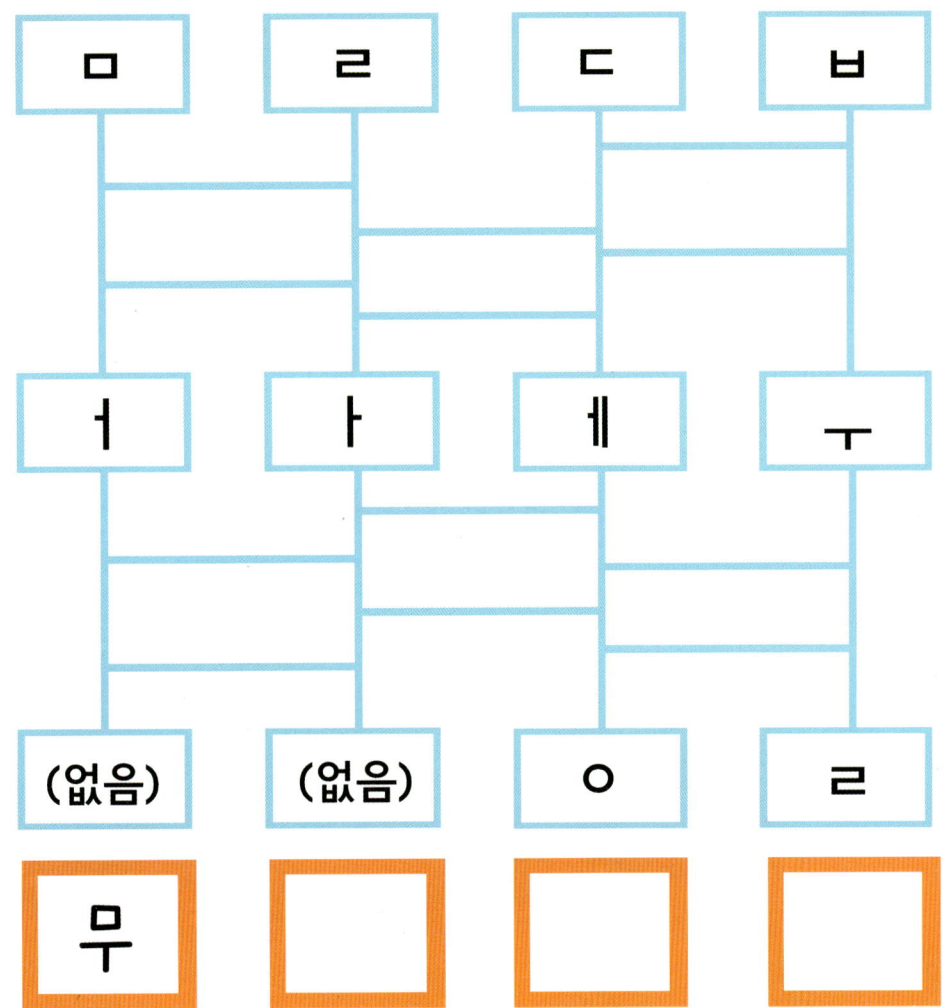

2 찾은 글자를 순서에 맞게 조합하여 다시 적어보세요.

01 그림을 삽입하고 그림 효과 적용하기

① '17일차.pptx'를 불러옵니다. 이어서, [삽입]-[이미지]-[그림()]을 클릭한 후 [17일차]-'김치'를 선택하여 삽입합니다.

※ **Ctrl** 키를 누른 채 원하는 그림을 선택하여 한 번에 삽입할 수 있습니다.

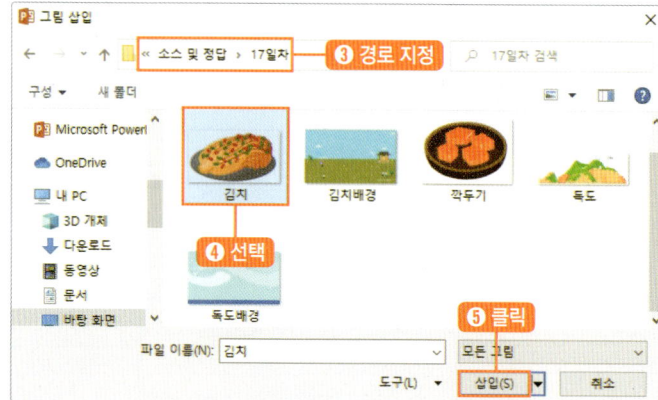

② 동일한 방법으로 [17일차]-'깍두기'를 선택하여 삽입한 후 그림의 크기 및 위치를 변경합니다.

③ '김치' 이미지를 클릭한 후 [서식]-[그림 스타일]-[그림 효과( )]-[네온]에서 원하는 효과를 선택합니다.

④ 동일한 방법으로 '깍두기' 이미지를 클릭한 후 [서식]-[그림 스타일]-[그림 효과()]-[네온]에서 원하는 효과를 선택합니다.

TIP 그림 효과 적용하기

삽입된 그림을 선택한 후 [서식]-[그림 스타일]-[그림 효과()]에서 더 많은 효과들을 적용할 수 있습니다.

02 워드아트를 삽입한 후 글꼴 서식 변경하기

① [삽입]-[텍스트]-[WordArt()]를 클릭한 후 원하는 디자인을 선택합니다.

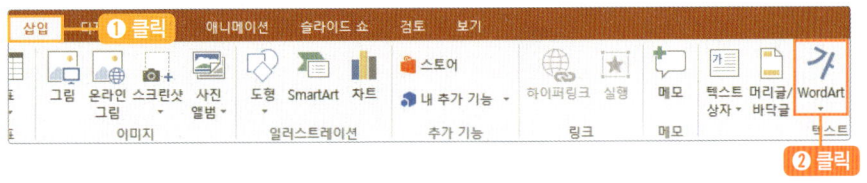 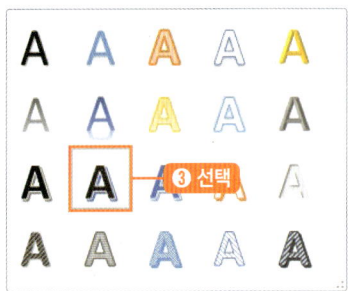

② 삽입된 워드아트에 '자랑스러운 우리 음식'을 입력한 후 위치를 변경합니다.
　※ 내용이 입력되지 않을 경우에는 '필요한 내용을 적으십시오'를 블록으로 지정한 후 입력합니다.

③ 워드아트의 테두리를 선택한 후 [홈]-[글꼴]에서 원하는 글꼴 서식을 지정합니다.

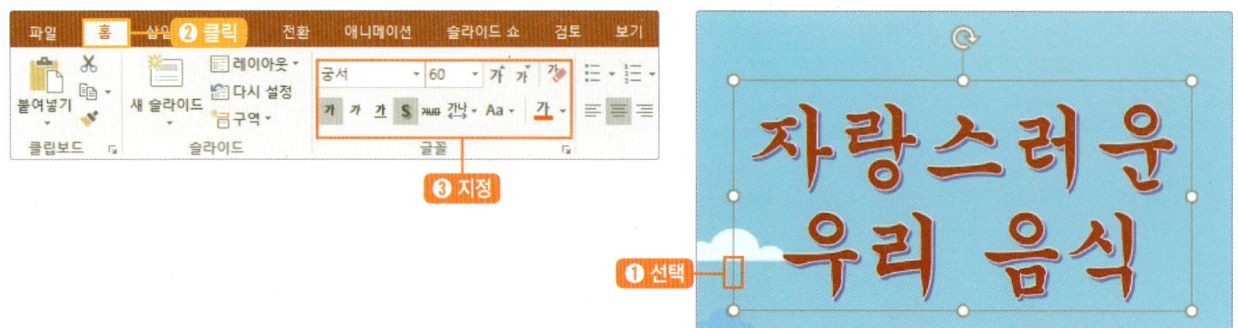

④ 동일한 방법으로 워드아트를 삽입하여 '김치'를 입력한 후 아래 그림을 참고하여 위치를 이동합니다.
※ 글꼴 서식을 자유롭게 변경해보세요!

불러올 파일 : 없음   완성된 파일 : 17일차_연습(완성).pptx

1 새 프레젠테이션을 열어 아래 그림과 같이 작품을 완성해보세요.

❶ [17일차]-'독도배경' 이미지를 이용하여 배경을 지정합니다.

❷ [17일차]-'독도' 이미지를 삽입한 후 [서식]-[그림 스타일]-[그림 효과]에서 원하는 효과를 적용합니다.

❸ 워드아트를 삽입한 후 글꼴 서식을 변경합니다.

TIP 워드아트 삽입 후 특정 단어만 서식을 변경하는 방법

- 많은 내용의 워드아트가 입력되었을 때 원하는 단어를 블록으로 지정한 후 해당 글자만 서식을 변경할 수 있습니다.
- [서식]-[WordArt 스타일]-텍스트 채우기 / 텍스트 윤곽선 / 텍스트 효과 메뉴를 이용하여 워트아트의 서식을 변경할 수 있습니다.

CHAPTER 18 동화책 결말 만들기

학습목표

- 도형 스타일을 이용하여 도형 서식을 빠르게 변경해봅니다.
- 여러 가지 도형을 삽입하여 예쁜 성을 만들어봅니다.

📁 불러올 파일 : 18일차.pptx   📁 완성된 파일 : 18일차(완성).pptx

창의력 플러스

● 아래 그림을 보고 학교와 관련된 단어들을 찾아 표시해보세요.

※ 단어 목록에는 없지만 새로운 단어를 찾았다면 오른쪽 아래 빈 칸에 적어보세요.

실	선	성	중	두	자	필	통	원
내	스	구	책	용	키	소	대	의
화	네	교	상	항	프	관	파	자
곽	과	동	니	린	칠	연	일	박
서	안	리	터	람	쥐	판	누	선
겨	책	가	방	온	타	자	생	부
당	백	휴	반	원	풍	님	다	컴
잡	크	설	지	연	생	본	퓨	생
운	동	장	진	필	가	터	체	오

- 실내화
- 칠판
- 교과서
- 책가방
- 필통
- 의자
- 선생님
- 컴퓨터
- 연필
- 운동장
- 책상

---

01 내용 서식 지정하기

❶ '18일차.pptx'를 불러옵니다. 이어서, 내용을 클릭하여 활성화된 텍스트 상자의 테두리를 선택합니다.

❷ 그림을 참고하여 [홈]-[글꼴]에서 원하는 글꼴 서식을 지정합니다.

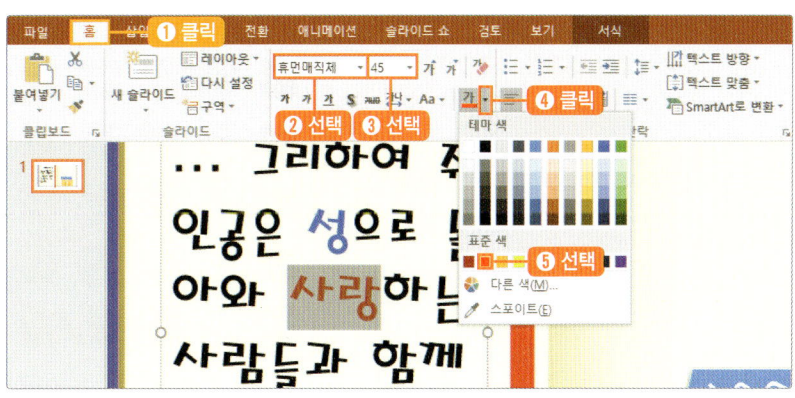

Chapter 18 동화책 결말 만들기 ● 103

 **도형을 삽입하고 도형 스타일 변경하기**

❶ [삽입]-[일러스트레이션]-[도형( )]에서 [사각형]-[직사각형( )]을 선택합니다.

❷ 다음과 같은 위치에 도형을 그린 후 원하는 도형 스타일을 적용합니다.
   ※ '도형 스타일' 기능은 파워포인트에서 기본적으로 제공되는 디자인 서식이에요. 도형 스타일을 이용하면 채우기, 윤곽선, 도형 효과 등을 한 번에 적용할 수 있어요.

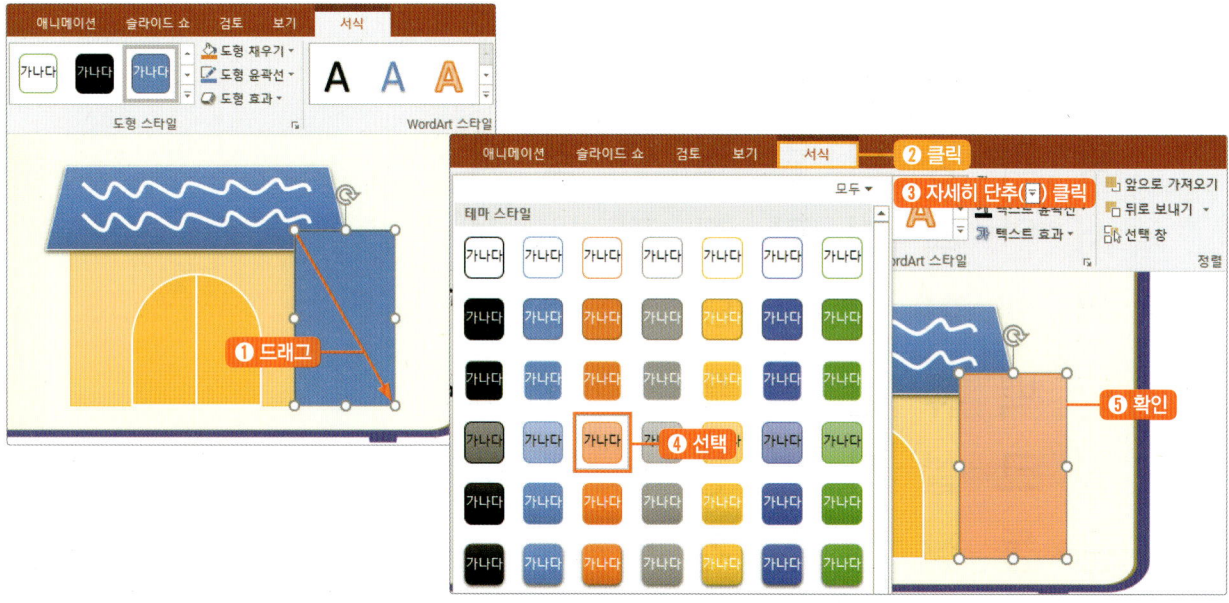

❸ [삽입]-[일러스트레이션]-[도형( )]에서 [기본 도형]-[배지( )]를 선택합니다.

❹ 다음과 같은 위치에 도형을 그린 후 원하는 도형 스타일을 적용합니다.

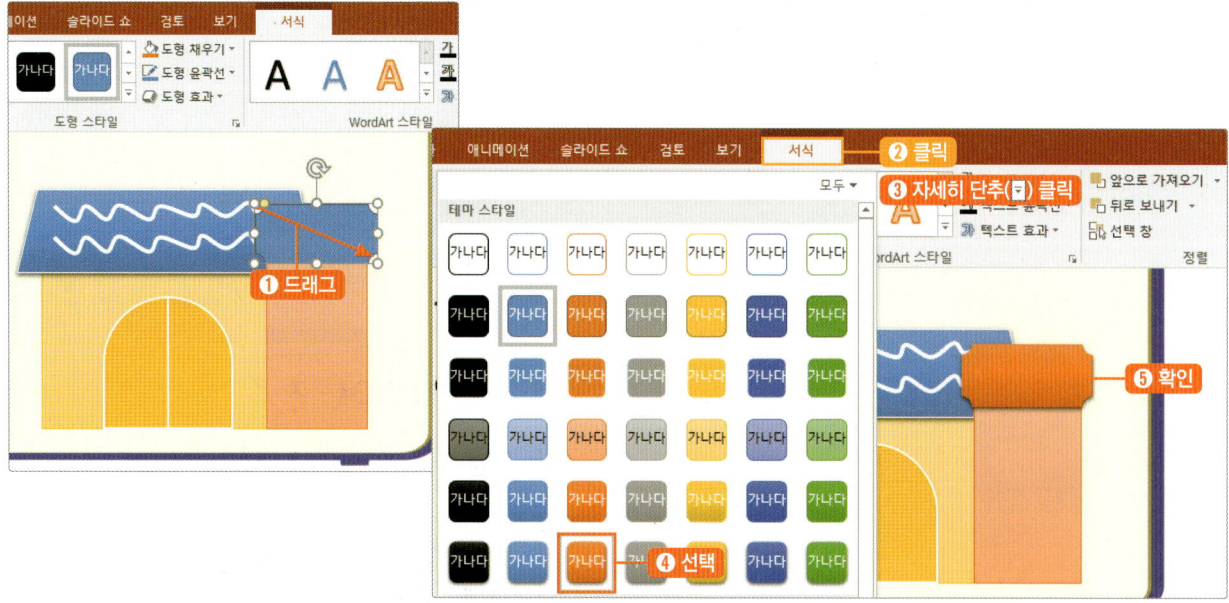

❺ [삽입]-[일러스트레이션]-[도형( )]에서 [순서도]-[순서도: 지연( )]을 선택합니다.

❻ 다음과 같은 위치에 도형을 그리고 회전한 후 원하는 도형 스타일을 적용합니다.

 도형을 그룹화하고 복사하기

❶ 그림과 같이 드래그한 후 선택된 도형 위에서 마우스 오른쪽 버튼을 눌러 [그룹화]-[그룹]을 클릭합니다.

❷ 그룹화된 도형을 아래 그림과 같이 복사합니다. 이어서, 복사된 도형 위에서 마우스 오른쪽 버튼을 눌러 [맨 뒤로 보내기]를 클릭합니다.

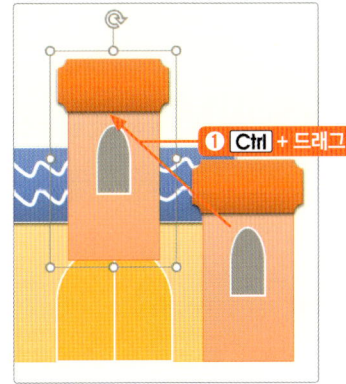
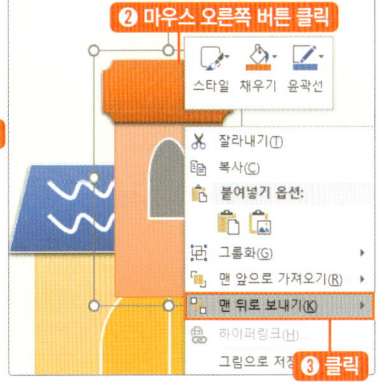

❸ 뒤쪽으로 복사된 도형의 위쪽 부분을 빠르게 세 번 클릭한 후 원하는 도형 스타일로 변경합니다.

※ 그룹으로 지정된 도형 중에서 특정 도형만 선택하려면 해당 도형을 빠르게 세 번 클릭해요.

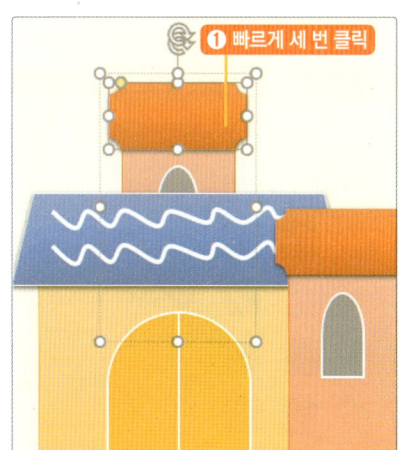 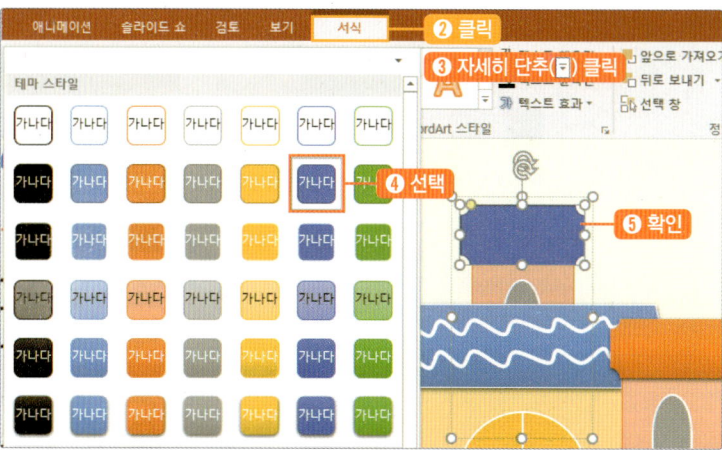

❹ 다음 그림을 참고하여 예쁜 성이 완성될 수 있도록 도형들을 삽입한 후 도형 스타일을 변경합니다.

CHAPTER 18 혼자서 뚝딱 뚝딱!

📂 불러올 파일 : 18일차_연습.pptx   💾 완성된 파일 : 18일차_연습(완성).pptx

1 18일차_연습.pptx 파일을 열어 아래 그림과 같이 작품을 완성해보세요.

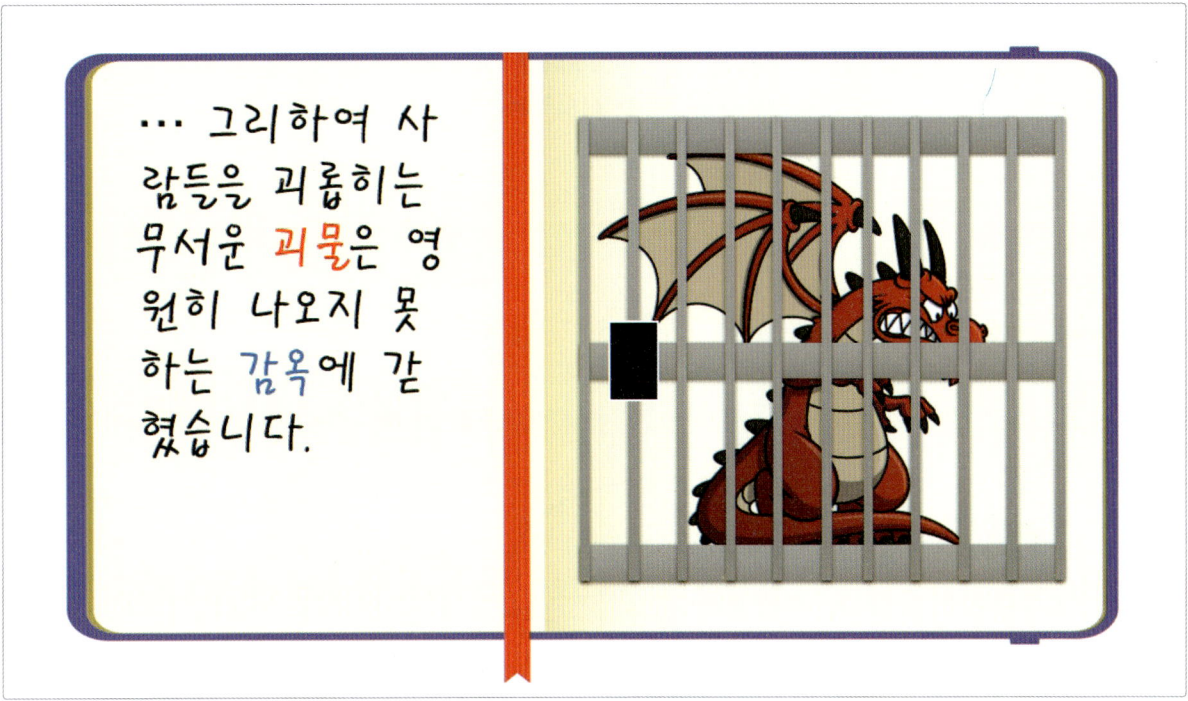

❶ 텍스트 상자를 클릭하여 [홈]-[글꼴]에서 글꼴 서식을 변경합니다.

❷ 다음을 참고하여 감옥을 만들어봅니다.

[사각형]-[직사각형(□)] 삽입 → 도형 스타일을 적용 → 도형을 일정한 간격으로 복사하여 감옥 문 만들기 → 손잡이 만들기 → 감옥에 사용된 도형을 모두 선택하여 그룹으로 지정

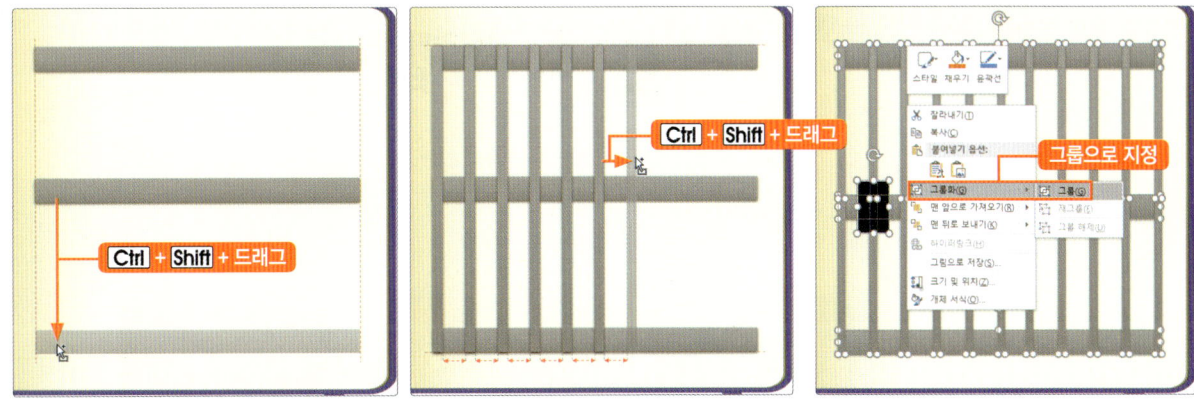

❸ [18일차]-'괴물' 이미지를 삽입한 후 [맨 뒤로 보내기]를 작업합니다.

Chapter 18 동화책 결말 만들기 • 107

CHAPTER 19
자기소개하기

학 습 목 표

- 하이퍼링크와 실행 단추를 이용하여 슬라이드를 이동해봅니다.
- 도형 스타일을 이용하여 도형 서식을 빠르게 변경해봅니다.

📁 불러올 파일 : 19일차.pptx   📁 완성된 파일 : 19일차(완성).pptx

창의력 플러스

- 힌트를 참고하여 단어를 이어보세요.

자기 소개 ▶　　　　　▶ 리어카

(봄에 피는 노란색 꽃)

▶　　　　　▶　　　　　▶

(사진을 찍는 기계)

01 슬라이드에 텍스트를 입력하고 그림을 삽입하기

❶ '19일차.pptx'를 불러온 후 제목과 부제목을 입력합니다.
　　※ 부제목에는 나의 학년, 반, 이름을 입력해요.

❷ 미리보기 창의 [슬라이드 2]를 클릭한 후 내용을 입력합니다.

❸ [삽입]-[이미지]-[그림()]-[19일차]-'소개1'을 선택하여 삽입합니다.

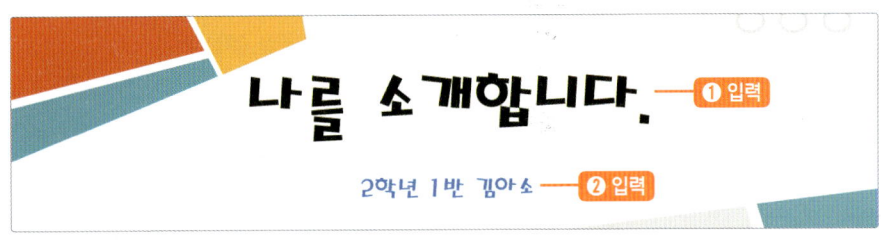

④ 아래 그림을 참고하여 [슬라이드 3]과 [슬라이드 4]를 작업합니다.

02 도형 스타일을 변경하고 하이퍼링크 적용하기

① [슬라이드 1]을 선택하여 '나의 생일'이 입력된 도형을 클릭한 후 [서식]-[도형 스타일]에서 원하는 스타일을 적용합니다. 이어서, 동일한 방법으로 나머지 도형들의 스타일을 변경합니다.

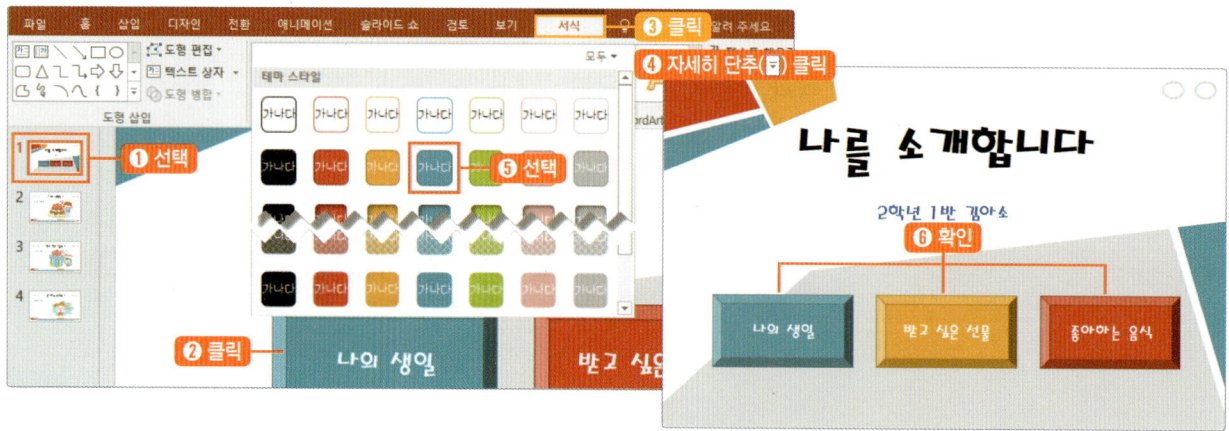

② '나의 생일'이 입력된 도형의 테두리 위에서 마우스 오른쪽 버튼을 눌러 [하이퍼링크]를 클릭합니다.

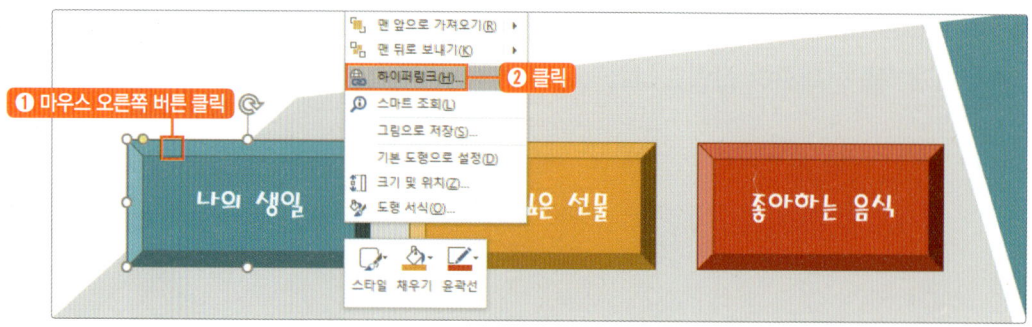

❸ 연결 대상(현재 문서)과 문서 위치(2. 나의 생일은?)를 선택한 후 <확인> 단추를 클릭합니다.

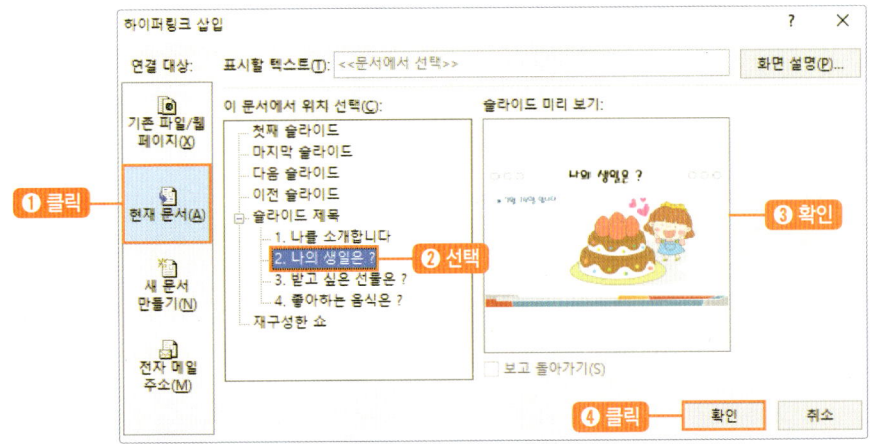

❹ 그림을 참고하여 '받고 싶은 선물' 도형에 하이퍼링크를 삽입합니다.

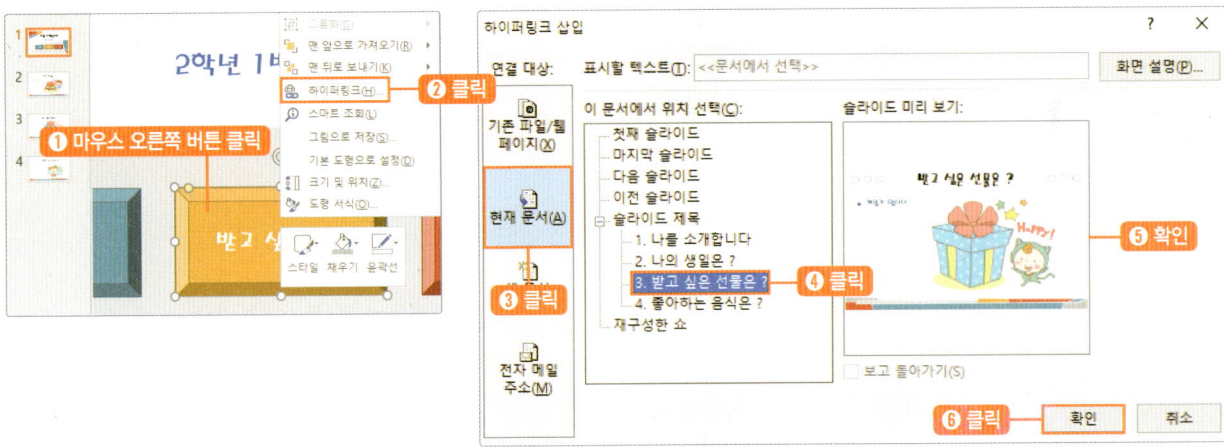

❺ 그림을 참고하여 '좋아하는 음식' 도형에 하이퍼링크를 삽입합니다.

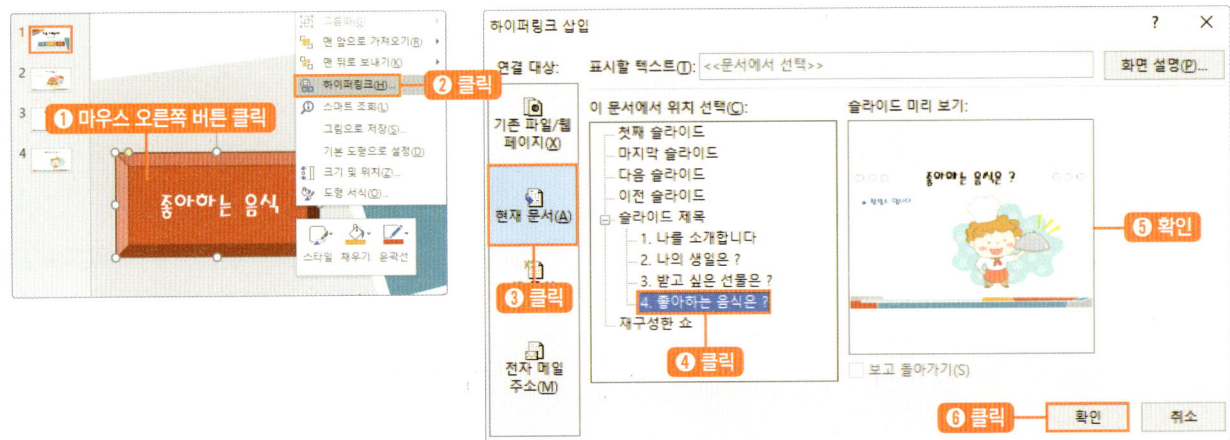

03 실행 단추를 삽입한 후 슬라이드쇼 확인하기

① [슬라이드 2]를 클릭합니다. 이어서, [삽입]-[일러스트레이션]-[도형(◇)]에서 [실행 단추]-[실행 단추: 홈(⌂)]을 선택하여 그림과 같이 삽입한 후 <확인> 단추를 클릭합니다.

※ [슬라이드 쇼]를 실행했을 때 홈 단추를 누르면 첫 번째 슬라이드(나를 소개합니다.)로 이동해요.

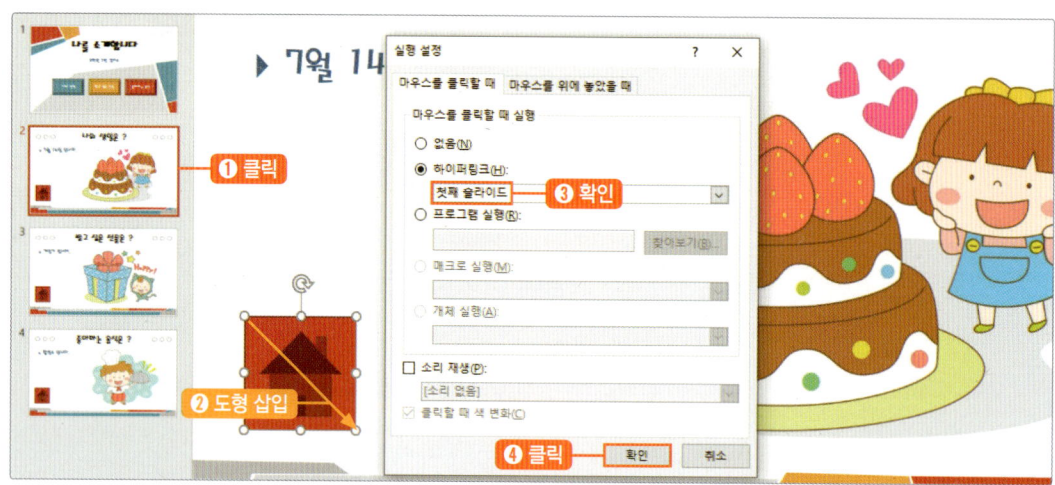

② 동일한 방법으로 [슬라이드 3]과 [슬라이드 4]에 [실행 단추: 홈(⌂)]을 삽입합니다.

③ F5 키를 눌러 [슬라이드 쇼]를 실행한 후 하이퍼링크가 적용된 도형과 홈 단추를 클릭하여 확인해봅니다.

※ 하이퍼링크와 실행 단추는 [슬라이드 쇼] 상태에서만 확인할 수 있으며, 해당 개체 위에 마우스 포인터를 올리면 '☝' 모양으로 변경돼요.
※ 슬라이드 쇼는 Esc 키를 누르면 종료할 수 있어요.

CHAPTER 19 혼자서 뚝딱 뚝딱!

📂 불러올 파일 : 19일차_연습.pptx   💾 완성된 파일 : 19일차_연습(완성).pptx

1 19일차_연습.pptx 파일을 열어 아래 그림과 같이 작품을 완성해보세요.

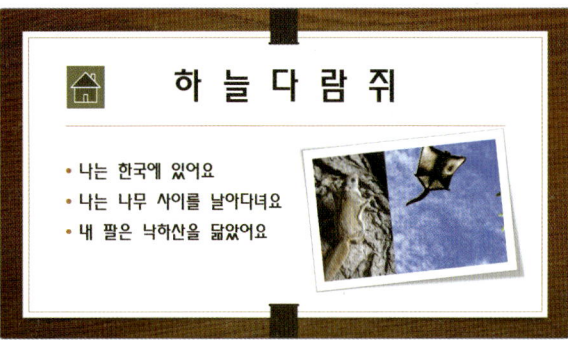

❶ [슬라이드 1]에 삽입된 도형들을 선택하여 '도형 스타일'을 적용합니다.

❷ 각 슬라이드에 알맞은 그림을 삽입한 후 '그림 스타일'을 적용합니다.

❸ [슬라이드 1]로 돌아가 각 도형에 알맞은 위치에 하이퍼링크를 삽입합니다.

※ 힌트 : 슬라이드 제목의 이름을 참고하여 하이퍼링크를 삽입해보세요!

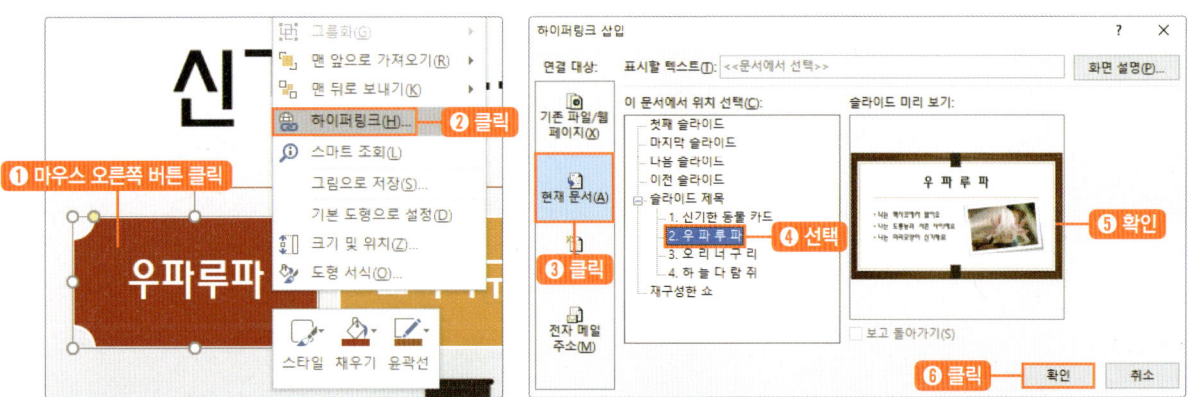

❹ 각 슬라이드에 [실행 단추: 홈(🏠)]을 삽입하고 도형 스타일을 적용합니다.

❺ F5 키를 눌러 [슬라이드 쇼]를 실행한 후 하이퍼링크가 적용된 도형과 홈 단추를 클릭하여 확인해 봅니다.

CHAPTER 20 당근 키우기

학 습 목 표

- 도형을 삽입하고 도형 효과(도형 스타일, 입체 효과, 질감 등) 적용해봅니다.
- 애니메이션의 타이밍 기능(시작, 지연, 재생 시간, 반복 등)을 이용하여 애니메이션을 실행해봅니다.
- 타이밍 기능을 이용하여 두 가지 애니메이션을 함께 실행해봅니다.

📁 불러올 파일 : 20일차.pptx   📁 완성된 파일 : 20일차(완성).pptx

창의력 플러스

- 그림을 보고 틀린 그림 5개를 찾아 표시해보세요.

01 도형 스타일을 이용하여 도형 꾸미기

① '20일차.pptx'를 불러온 후 물 뿌리개 안의 물을 빠르게 세 번 클릭합니다. 이어서, [서식]-[도형 스타일]에서 원하는 스타일을 선택합니다.

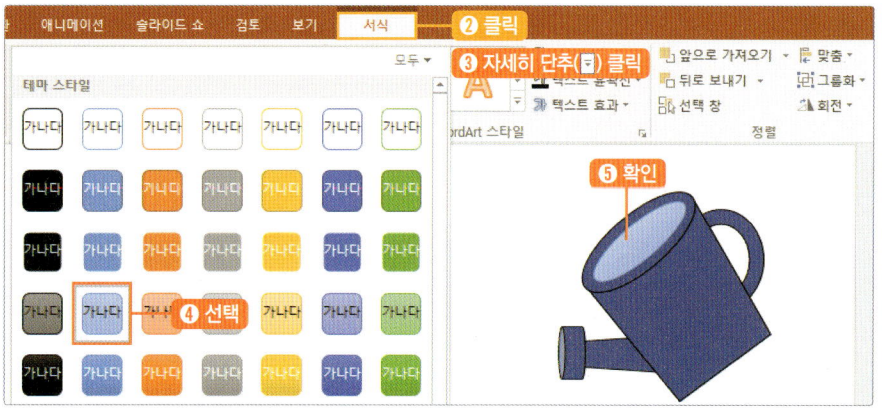

Chapter 20 당근 키우기 • 115

❷ Esc 키를 눌러 부분 선택을 해제한 후 다시 전체 도형을 드래그하여 선택합니다.
   ※ 드래그 하지 않고 전체 도형을 선택하려면 Ctrl + A 키를 사용해요.

❸ [서식]-[도형 스타일]-[도형 효과( )]-[입체 효과]에서 원하는 효과를 선택합니다.

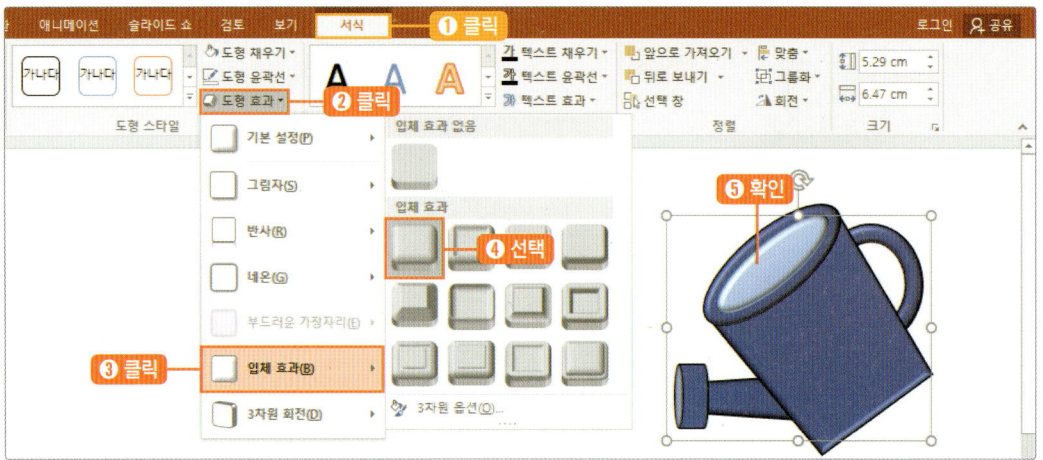

❹ [삽입]-[일러스트레이션]-[도형( )]에서 [사각형]-[직사각형( )]을 선택하여 삽입한 후 그림과 같이 위치를 변경합니다.

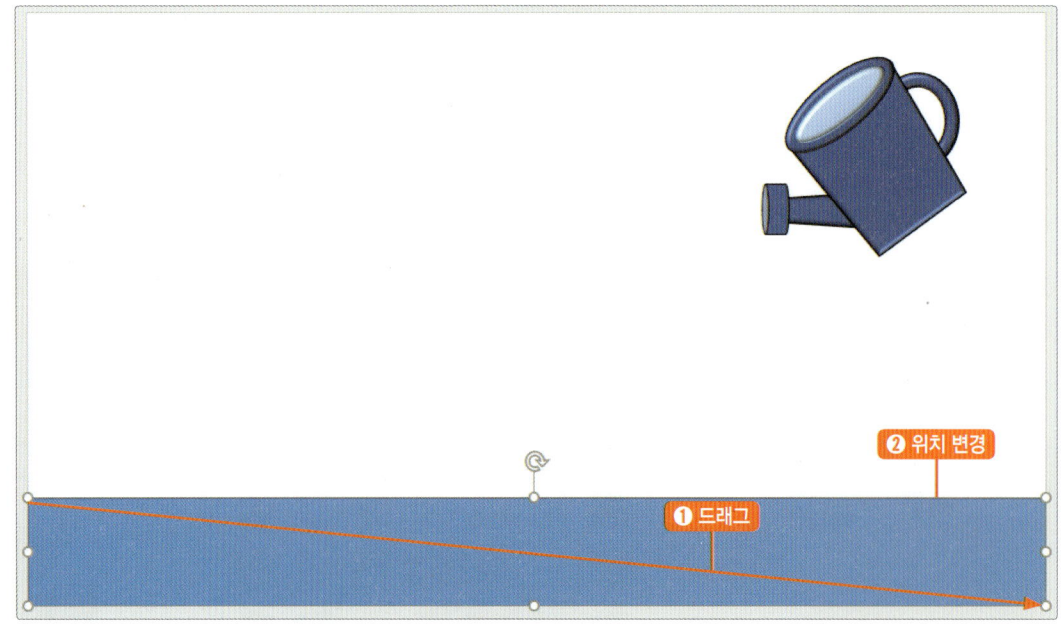

⑤ [서식]-[도형 스타일]-[도형 윤곽선]에서 '윤곽선 없음'을 선택합니다.

⑥ [서식]-[도형 스타일]-[도형 채우기]-[질감( )]에서 '코르크'를 선택합니다.

02 그림에 애니메이션 적용하기

① [삽입]-[이미지]-[그림()]-[20일차]-'당근'을 선택하여 삽입합니다.

② 그림과 같이 크기와 위치를 변경한 후 Ctrl + Shift 키를 누른 채 오른쪽으로 드래그하여 복사합니다.

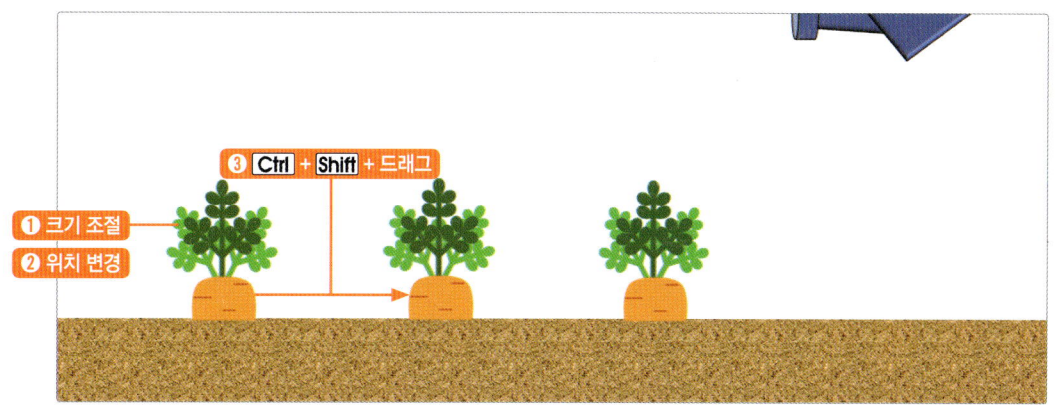

❸ Shift 키를 누른 채 모든 당근을 선택합니다. 이어서, [애니메이션]-[고급 애니메이션]-[애니메이션 추가(⭐)]를 클릭한 후 [강조]-'크게/작게'를 선택합니다.

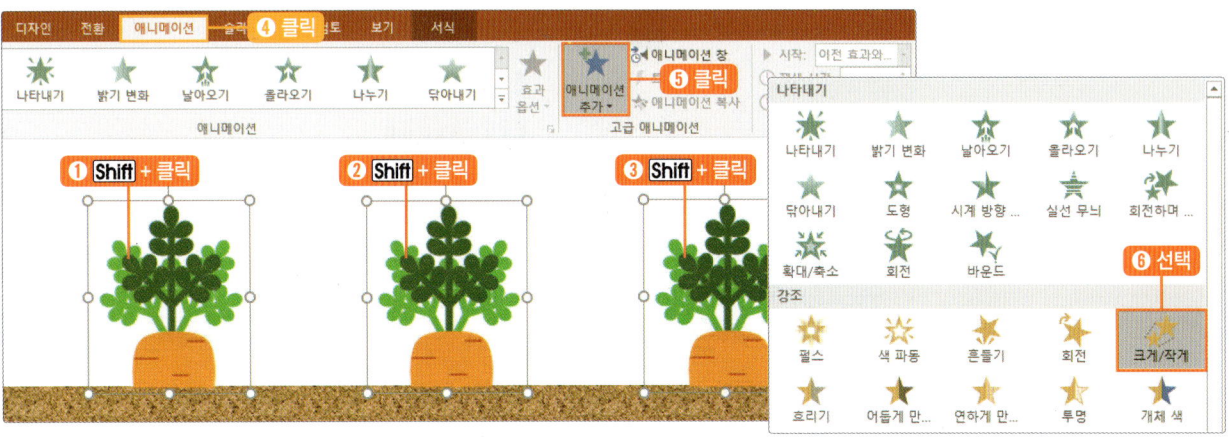

❹ [애니메이션]-[고급 애니메이션]-[애니메이션 창(🕐)]을 클릭합니다.
※ 당근 그림 세 개가 모두 선택된 상태에서 타이밍 작업을 해야 해요.

❺ 오른쪽 작업 창이 활성화되면 목록 단추(▼)를 클릭한 후 [타이밍]을 선택합니다. 이어서, 타이밍을 다음과 같이 변경합니다.

- 시작 : 이전 효과와 함께
- 지연 : 2초
- 재생 시간 : 3초(느리게)
- 반복 : 슬라이드가 끝날 때까지

※ 애니메이션 그림 번호는 프로그램 작업 환경에 따라 다르게 나타나요.

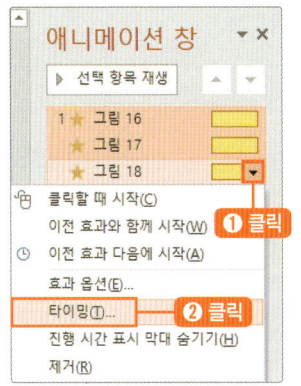
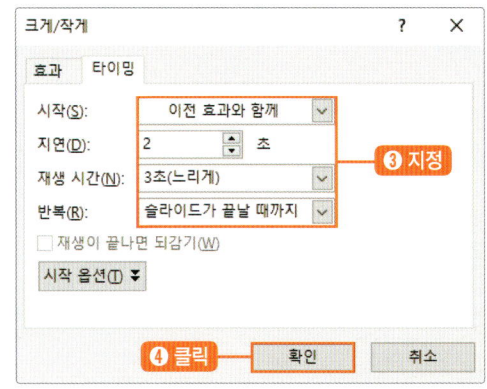

❻ F5 키를 눌러 타이밍이 적용된 애니메이션을 확인합니다.
※ '지연'을 2초 지정했기 때문에 당근에 적용된 애니메이션은 2초 후에 시작돼요!
※ Esc 키를 누르면 [슬라이드 쇼]를 종료할 수 있어요.

CHAPTER 20 혼자서 뚝딱 뚝딱!

불러올 파일 : 20일차_연습.pptx　　**완성된 파일** : 20일차_연습(완성).pptx

1 20일차_연습.pptx 파일을 열어 두 가지(당근, 물방울) 애니메이션이 함께 실행되도록 작품을 완성해보세요.

❶ [기본 도형]-[눈물 방울(○)]로 작업합니다.
❷ 물방울을 그림과 같이 복사한 후 모두 선택하여 [서식]-[도형 스타일]에서 원하는 스타일을 선택합니다.
❸ 이어서, [서식]-[도형 스타일]-[도형 효과]-[입체 효과]에서 원하는 효과를 선택합니다.
❹ 도형이 모두 선택된 상태에서 [고급 애니메이션]-[애니메이션 추가]-[이동 경로]-'선(│)'을 이용하여 물방울에 애니메이션을 적용합니다.
❺ [고급 애니메이션]-[애니메이션 창]을 클릭하여 타이밍을 다음과 같이 변경합니다.
　• 시작 : 이전 효과와 함께　　• 지연 : 0초
　• 재생 시간 : 1초(빠르게)　　• 반복 : 슬라이드가 끝날 때까지
❻ [온라인 그림]을 이용하여 '태양'과 '토끼' 이미지를 삽입합니다.
❼ F5 키를 눌러 적용된 애니메이션을 확인합니다.

CHAPTER 21
동물들의 평균 수명 알아보기

학습목표

- 차트를 삽입하고 차트 스타일을 지정합니다.
- 그림의 불필요한 부분을 잘라내고 배경을 투명한 색으로 지정합니다.

📁 불러올 파일 : 21일차.pptx   📄 완성된 파일 : 21일차(완성).pptx

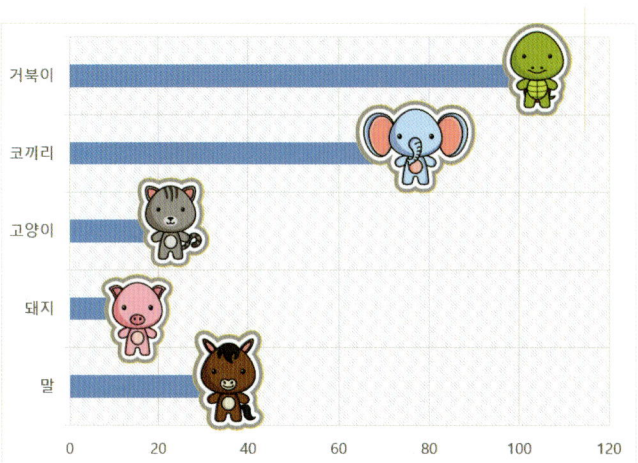

창의력 플러스

● 똑같이 생긴 10마리의 강아지 중 다른 모습을 하고 있는 2마리의 강아지를 찾아보세요.

01 차트를 삽입한 후 차트 스타일 지정하기

① '21일차.pptx'를 불러온 후 차트를 삽입하기 위해 [삽입]-[일러스트레이션]-[차트()]를 클릭합니다.

② 이어서, [가로 막대형]-[묶은 가로 막대형]을 선택한 후 <확인> 단추를 클릭합니다.

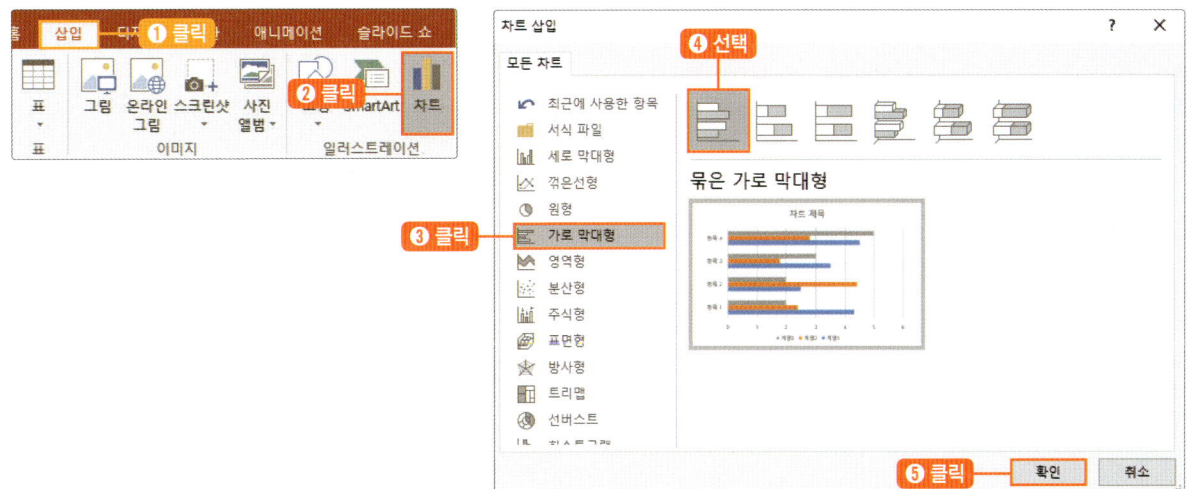

Chapter 21 동물들의 평균 수명 알아보기 • 121

③ 차트가 삽입되면서 엑셀 데이터 입력 창이 나오면 차트에 필요한 데이터를 그림과 같이 입력합니다.

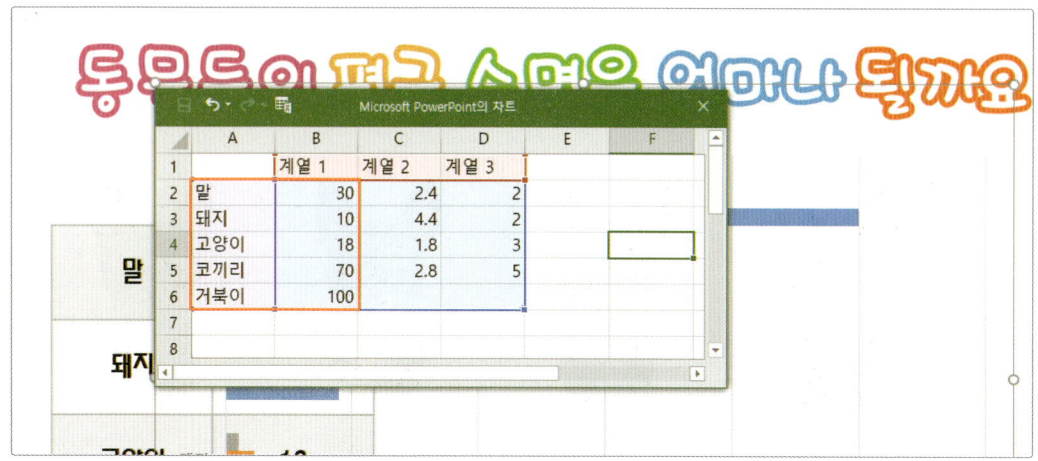

TIP 차트에 필요한 데이터를 더 빠르게 입력하는 방법

삽입된 표 안쪽의 데이터를 블록으로 지정하여 [복사](Ctrl+C)한 후 엑셀 데이터 입력 창의 [A2] 셀에 [붙여넣기](Ctrl+V)합니다.

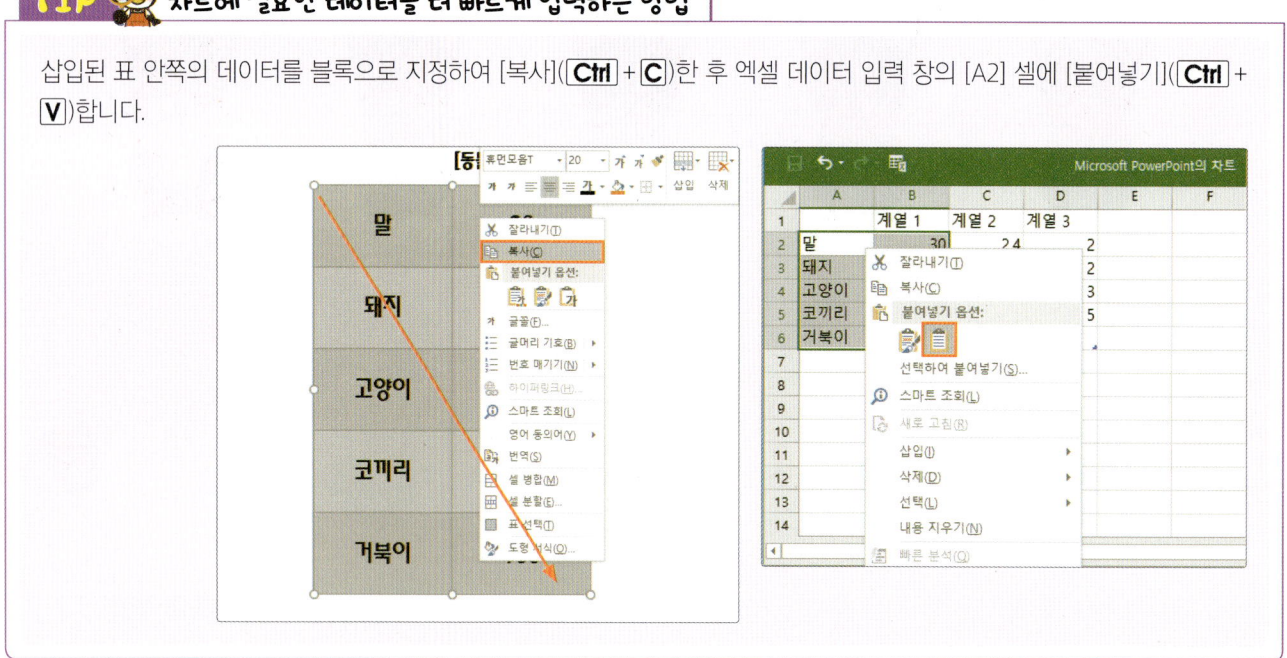

④ 오른쪽 하단의 파란색 점( )을 이용하여 그림과 같이 차트 범위를 지정한 후 불필요한 데이터를 지웁니다. 이어서, 엑셀 데이터 입력 창의 닫기(×)를 클릭합니다.

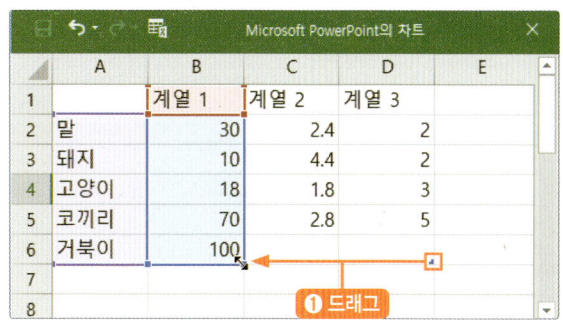 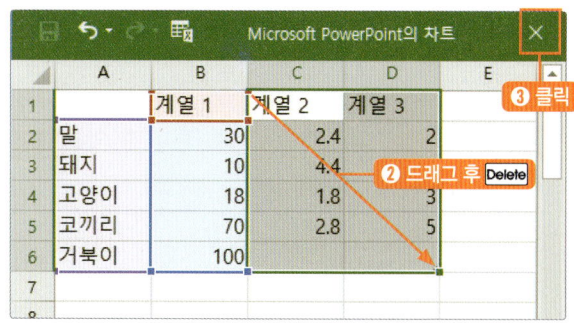

❺ 완성된 차트의 크기 및 위치를 적당하게 조절합니다. 이어서, 차트의 불필요한 부분을 클릭한 후 Delete 키를 눌러 삭제합니다.

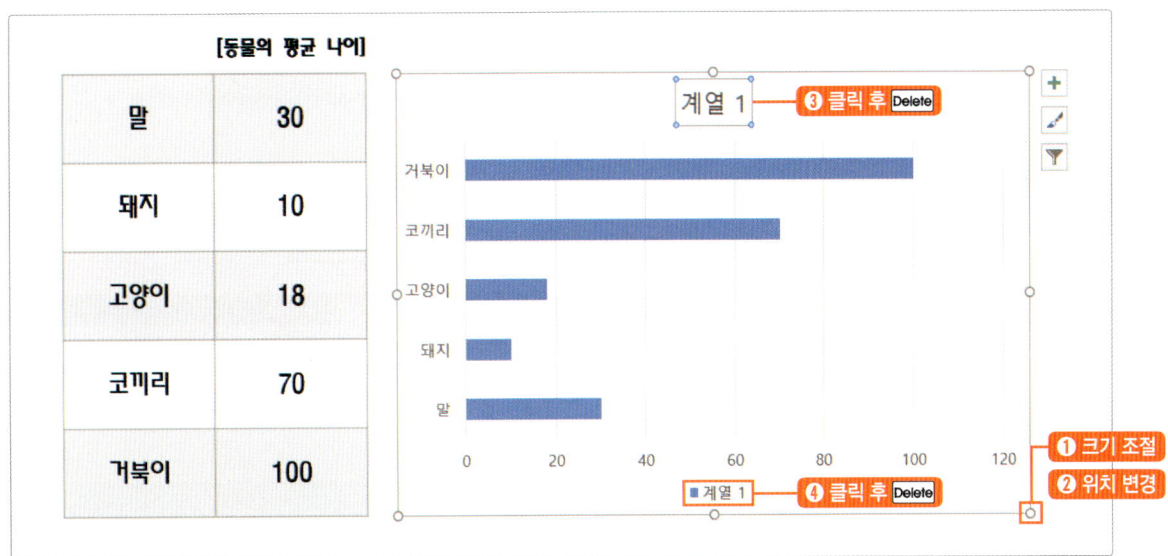

❻ 차트를 선택한 후 [디자인]-[차트 스타일]에서 원하는 차트 스타일을 클릭합니다.

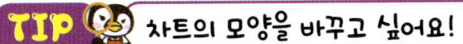

삽입된 차트를 선택한 후 [디자인]-[종류]-[차트 종류 변경(📊)]을 클릭하여 작성된 차트를 다른 모양의 차트(세로 막대형, 꺾은선형 등)로 바꿀 수 있습니다.

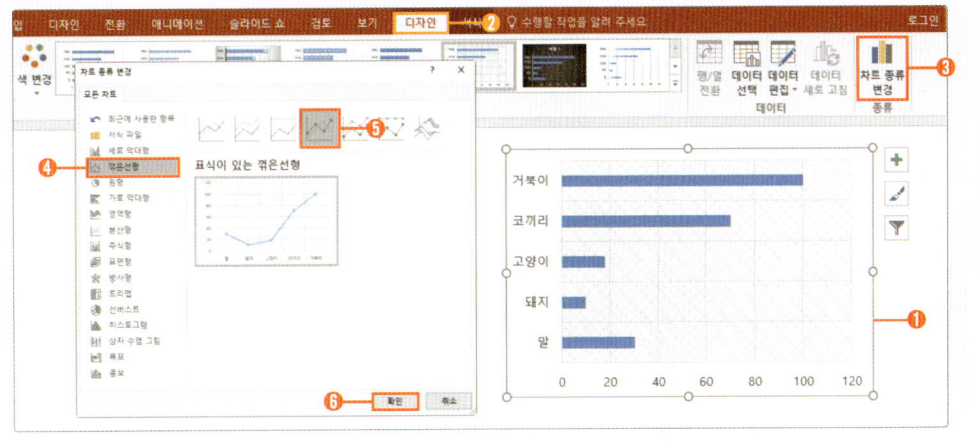

Chapter 21 동물들의 평균 수명 알아보기 • **123**

02 그림의 불필요한 부분을 잘라낸 후 배경을 투명한 색으로 지정하기

① 차트 선택을 해제한 후 [삽입]-[이미지]-[그림()]을 클릭하여 [21일차]-'동물'을 삽입합니다.
   ※ 만약 차트가 선택된 상태에서 그림을 넣으면 차트 안쪽에 그림이 삽입되니 주의하세요!

② 그림이 삽입되면 [서식]-[크기]-[자르기()]를 클릭합니다. 이어서, 자르기 구분선(⌐)을 드래그하여 말 캐릭터만 보이도록 조절한 후 Esc 키를 눌러 이미지를 잘라냅니다.

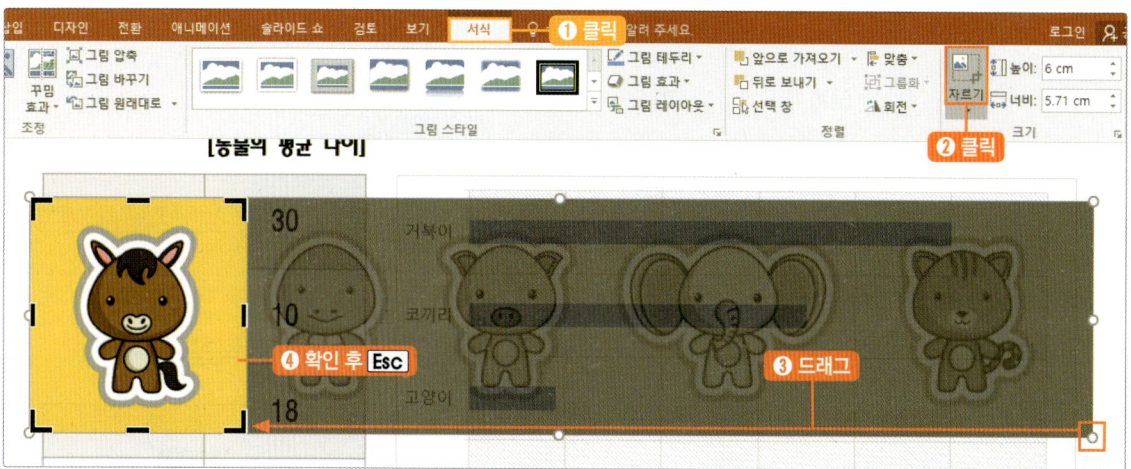

③ [서식]-[조정]-[색()]-[투명한 색 설정]을 클릭한 후 이미지의 노란색 배경 부분을 선택하여 투명하게 처리합니다.

④ 그림의 크기를 조절한 후 위치를 말 계열의 막대 끝으로 이동합니다.

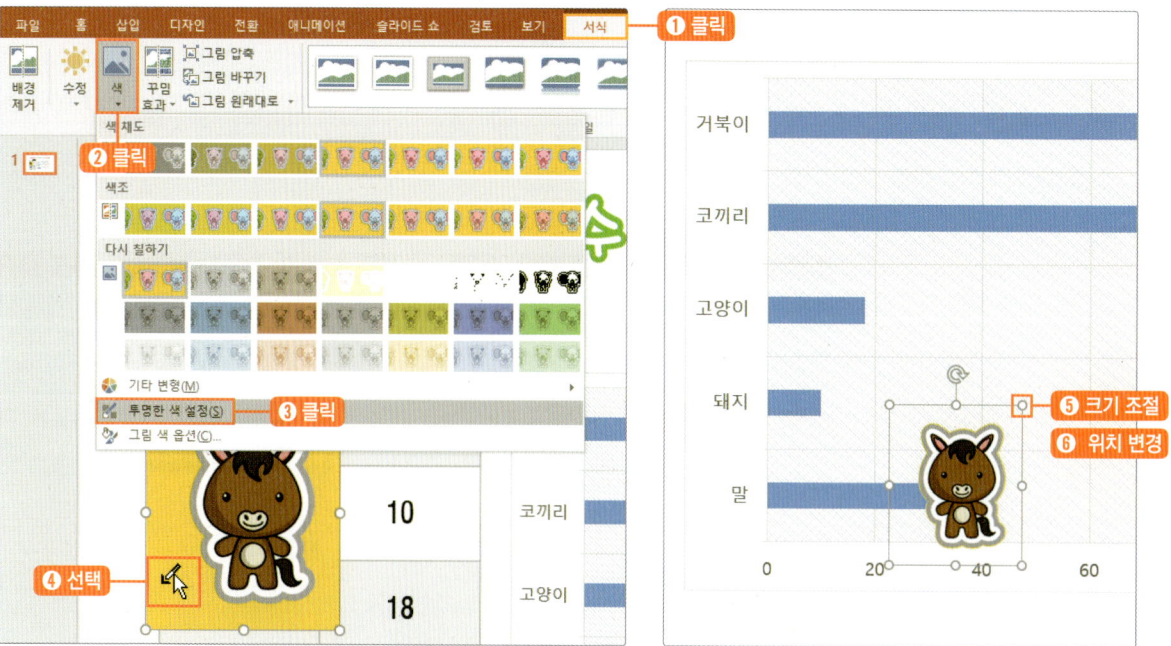

❺ 동일한 방법으로 나머지 동물들을 삽입해봅니다.

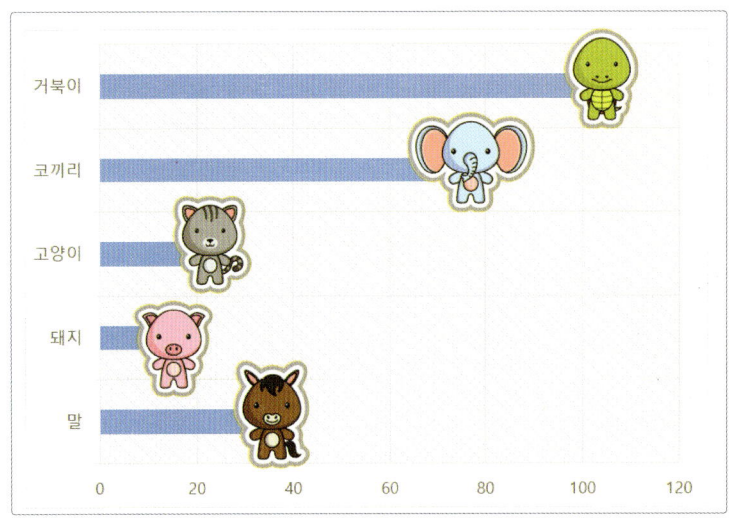

CHAPTER 21 혼자서 뚝딱 뚝딱!

📂 **불러올 파일** : 21일차_연습.pptx   💾 **완성된 파일** : 21일차_연습(완성).pptx

1 21일차_연습.pptx 파일을 열어 차트를 완성해보세요.

우리반 캐릭터 인기도 조사하기

[단위 : 명]

도라에몽	6
도라미	4
둘리	2
스폰지밥	8
뚱이	5
미키마우스	3

❶ 우리반 친구들은 어떤 캐릭터를 좋아하는지 투표를 한 후 투표 결과를 표에 입력합니다.

❷ 표에 입력한 데이터를 활용하여 [원형] 차트를 삽입한 후 차트의 크기 및 위치를 조절합니다.

❸ 차트 디자인을 '스타일 9'로 변경합니다.

❹ [21일차]-'캐릭터' 그림을 삽입하여 불필요한 부분을 잘라낸 후 배경을 투명하게 지정합니다.

CHAPTER 22
성탄절 봉투 & 카드 만들기

학 습 목 표

- 슬라이드의 크기를 변경해봅니다.
- 삽입된 도형에 패턴을 적용한 후 이미지를 삽입해봅니다.

📁 불러올 파일 : 22일차.pptx　　📁 완성된 파일 : 22일차(완성).pptx

파워포인트로 만든 작품을 프린터로 출력하고 싶다면, 작업 전에 슬라이드 크기를 A4 용지 사이즈로 변경 하세요!

기본 설정으로 작업 후 출력할 때　　A4 용지 설정으로 작업 후 출력할 때

창의력 플러스

- 선물이 있는 곳까지 산타가 도착할 수 있도록 길을 찾아주세요!!

01 슬라이드의 크기를 변경하기

1. '22일차.pptx'를 불러온 후 [디자인]-[사용자 지정]-[슬라이드 크기(□)]-[사용자 지정 슬라이드 크기]를 클릭합니다.

2. 슬라이드 크기를 'A4 용지(210×297mm)'로 지정하고 <확인> 단추를 클릭한 후 '최대화'를 선택합니다.

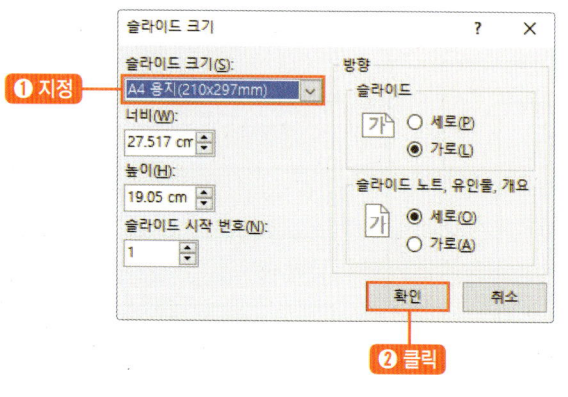 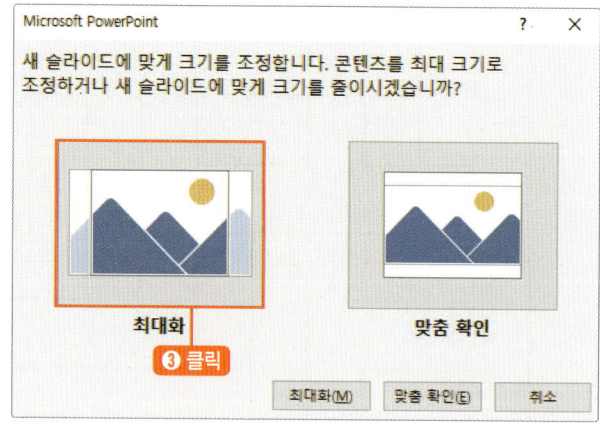

TIP. '최대화'와 '맞춤 확인'은 무엇이 다를까요?

슬라이드의 크기 또는 방향을 변경하게 되면 '최대화'와 '맞춤 확인'을 선택할 수 있는 대화상자가 나타납니다. '최대화'를 선택하면 원본 개체의 크기를 그대로 유지할 수 있으며, '맞춤 확인'을 선택하면 용지 비율에 맞추어 원본 개체의 크기가 변경 됩니다.

봉투에 색상과 패턴을 지정하기

① 슬라이드의 빈 곳을 클릭한 후 Ctrl + A 키를 눌러 모든 개체를 선택합니다.

② [서식]-[도형 스타일]에서 [도형 채우기]와 [도형 윤곽선]을 원하는 색상으로 변경합니다.

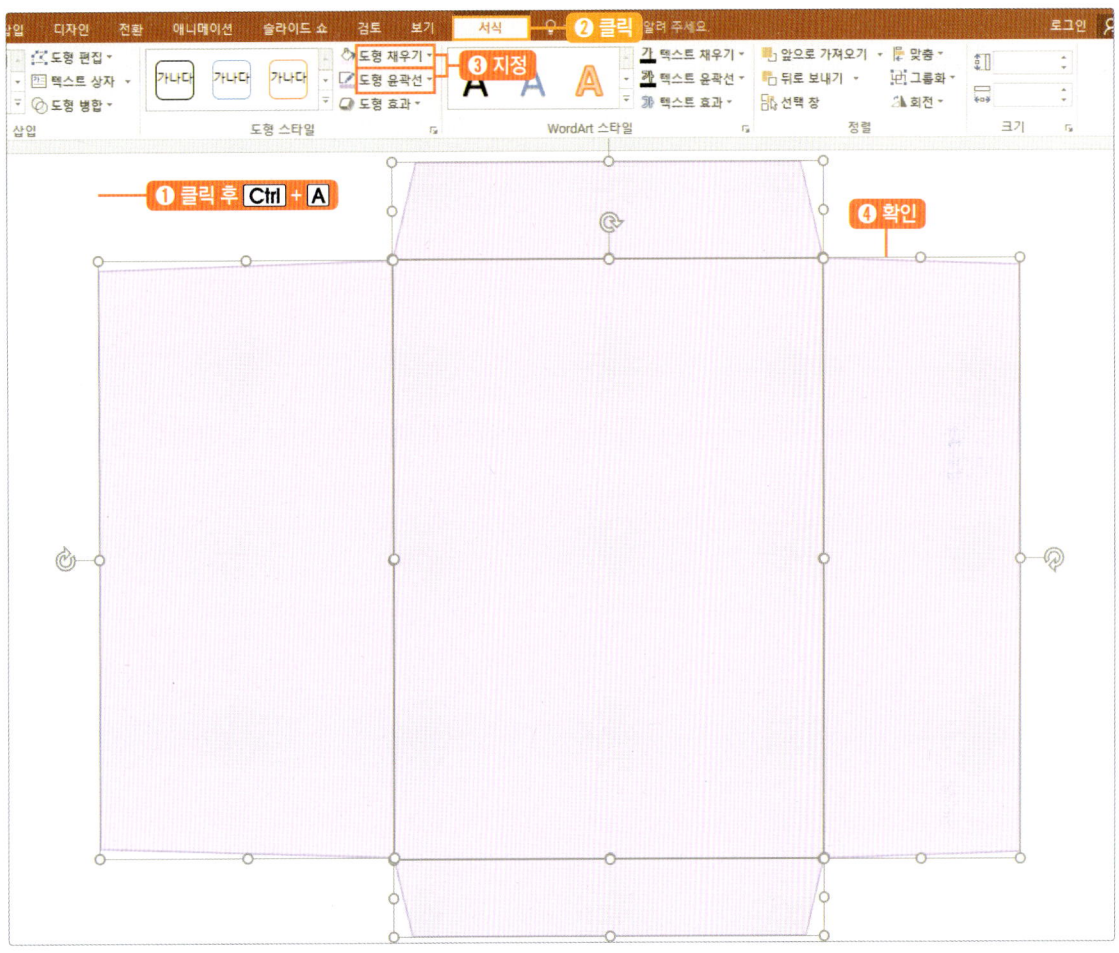

TIP 여러 가지 색상을 찾는 방법

개체의 색상을 변경할 때 [다른 채우기 색]을 클릭하면 [표준]과 [사용자 지정] 탭에서 더욱 다양한 색상을 선택할 수 있습니다.

Chapter 22 성탄절 봉투&카드 만들기 • 129

❸ 가운데 도형을 선택하여 흰색 계열의 색상으로 변경한 후 Esc 키를 눌러 개체의 선택을 취소합니다.

❹ Shift 키를 이용하여 오른쪽과 왼쪽 도형을 각각 선택한 후 마우스 오른쪽 버튼을 눌러 [개체 서식]을 클릭합니다.

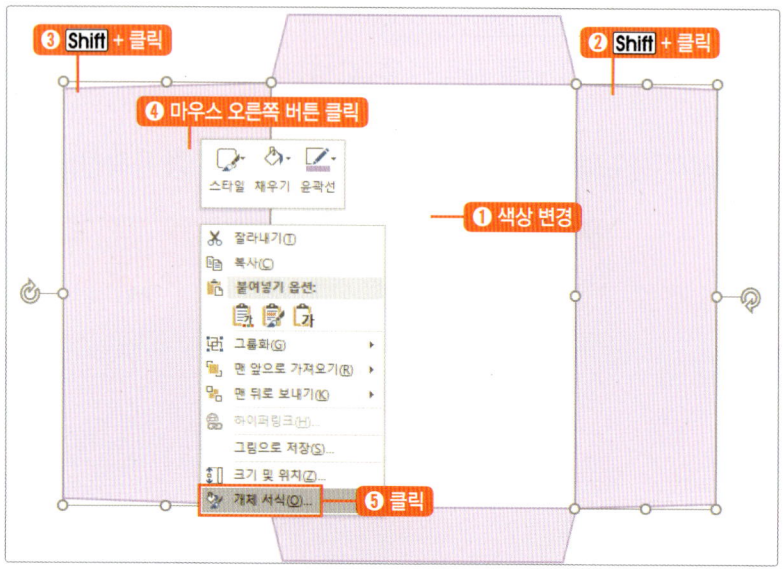

❺ 오른쪽 작업 창이 활성화되면 [채우기]-[패턴 채우기]에서 패턴, 전경색, 배경을 각각 지정합니다.

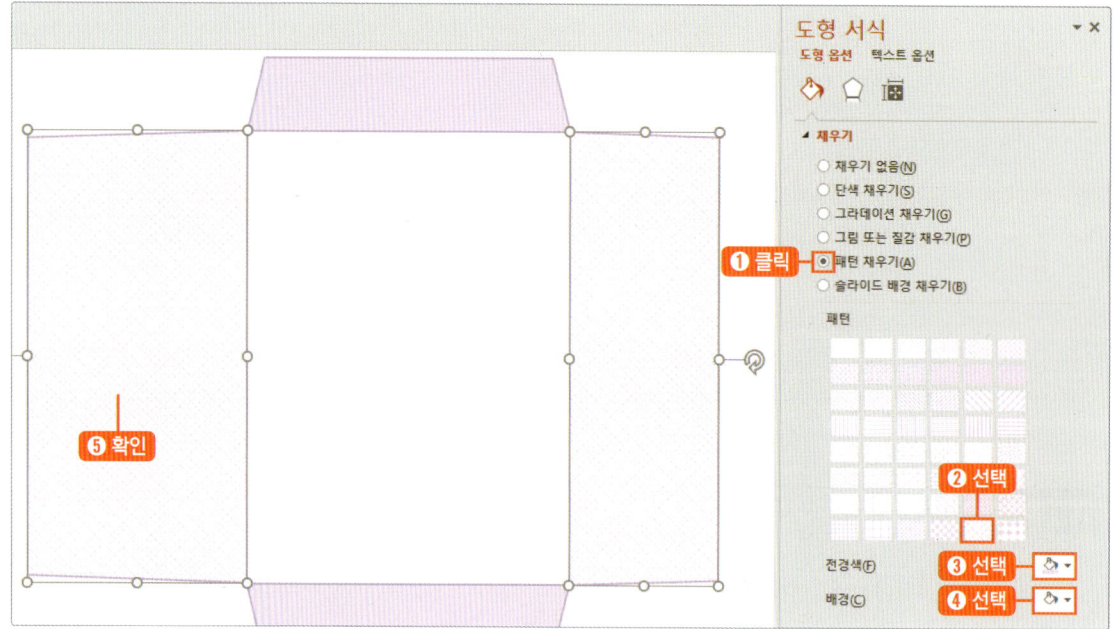

03 봉투장식 그림을 이용하여 작품 완성하기

❶ [삽입]-[이미지]-[그림( )]을 클릭한 후 [22일차]의 '봉투장식1~10' 이미지들을 삽입하여 작품을 완성합니다.

 혼자서 뚝딱 뚝딱!

📁 **불러올 파일** : 22일차_연습.pptx 💾 **완성된 파일** : 22일차_연습(완성).pptx

1 22일차_연습.pptx 파일을 열어 성탄절 카드를 완성해보세요.

▲ [슬라이드 1]

▲ [슬라이드 2]

❶ 슬라이드 크기를 'A4 용지(210×297mm)'로 지정한 후 '최대화'를 선택합니다.
❷ 각각의 슬라이드에 [기본 도형]-[타원(○)]을 삽입한 후 [도형 효과]-[부드러운 가장자리]를 적용합니다. 이어서, 눈(타원)을 복사하여 슬라이드를 예쁘게 꾸밉니다.
❸ [슬라이드 2]에 [사각형]-[직사각형(□)]을 삽입하여 패턴을 채운 후 [도형 효과]-[네온]을 적용합니다.
❹ 다양한 그림들을 삽입하여 성탄절 카드를 꾸며봅니다.

CHAPTER 23 미니언즈 캐릭터 그리기

학습목표

- 도형의 서식을 변경한 후 기본 도형으로 설정해봅니다.
- 다양한 도형을 이용하여 캐릭터를 만들어봅니다.

📂 불러올 파일 : 23일차.pptx   📄 완성된 파일 : 23일차(완성).pptx

창의력 플러스

1. 보기를 통해 여러 가지 색상이 우리에게 주는 느낌에 대해 알아보세요.

   보기
   - 빨강 ▶ 힘, 더위, 애정, 분노
   - 노랑 ▶ 희망, 귀여움, 금지, 명랑
   - 파랑 ▶ 냉정, 성실, 청년, 시원
   - 검정 ▶ 슬픔, 죽음, 암흑, 공포
   - 주황 ▶ 위험, 온화, 가을, 질투
   - 초록 ▶ 상쾌, 생명, 안전, 휴식
   - 보라 ▶ 우아, 화려, 신비, 예술
   - 흰색 ▶ 순수, 청결, 완벽, 깨끗

2. 나의 주변 사람과 어울리는 색상을 선택해보고, 선택한 이유를 간단하게 적어보세요.

이름	선택한 색상	선택 이유

01 캐릭터의 얼굴 만들기

① '23일차.pptx'를 불러온 후 [삽입]-[일러스트레이션]-[도형( )]에서 [기본 도형]-[타원(○)]을 선택합니다. 이어서, 아래 그림처럼 눈을 만듭니다.

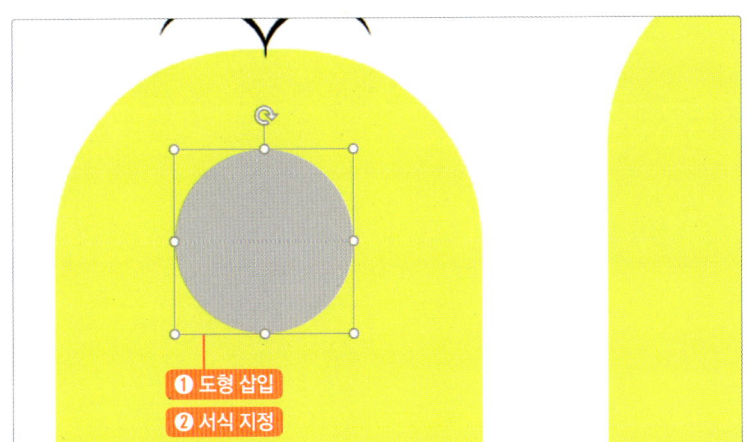

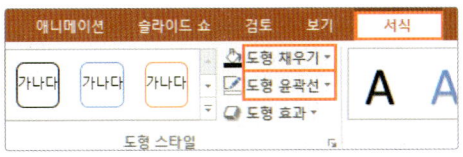

- 도형 채우기 : 회색 계열
- 도형 윤곽선 : 윤곽선 없음

Chapter 23 미니언즈 캐릭터 그리기 • 133

❷ 서식이 변경된 도형 위에서 마우스 오른쪽 버튼을 눌러 [기본 도형으로 설정]을 클릭합니다.

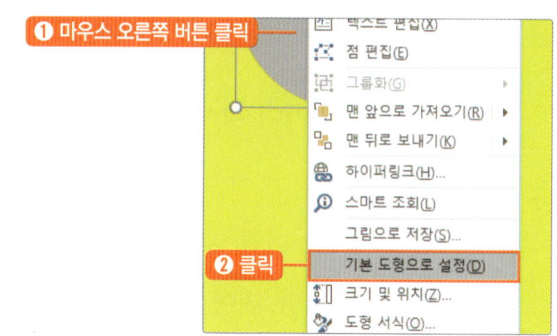

> **TIP 기본 도형으로 설정이란?**
>
> 도형의 서식을 변경한 후 [기본 도형으로 설정]을 적용하면 서식이 적용된 도형의 스타일을 기본값으로 바꿀 수 있습니다. 이 기능은 똑같은 스타일로 여러 가지 도형을 작업할 때 유용하게 사용할 수 있습니다.
>
>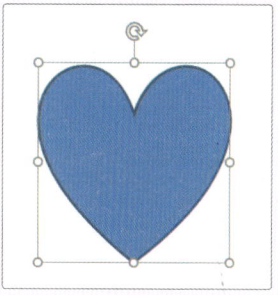
>
> ▲ 파워포인트를 처음 실행했을 때의 도형 서식(기본 값)   ▲ 회색, 윤곽선 없음을 기본 도형으로 설정한 후 도형을 삽입했을 때의 도형 서식

❸ [기본 도형]-[타원(○)]을 이용하여 왼쪽 캐릭터의 눈을 완성해봅니다.

※ 타원을 새로 삽입하거나, 만들어진 도형을 복사하여 작업해보세요! 왼쪽 캐릭터의 눈은 모두 4개의 타원으로 만들었어요.

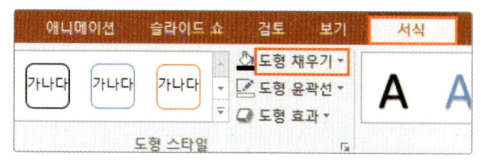

① 도형 채우기 : 흰색 계열

② 도형 채우기 : 갈색 계열

③ 도형 채우기 : 검정색 계열

❹ 다음과 같이 드래그하여 눈에 사용된 도형을 모두 선택한 후 마우스 오른쪽 버튼을 눌러 [그룹화]-[그룹]을 클릭합니다.

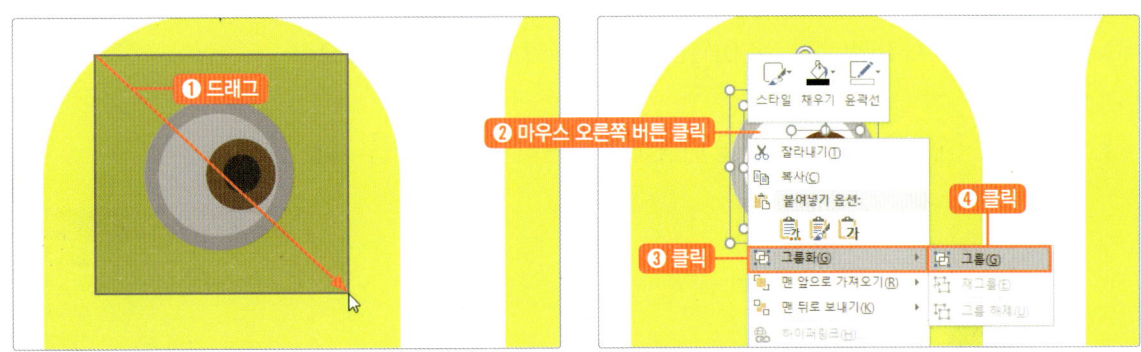

❺ [사각형]-[모서리가 둥근 직사각형(▢)]을 이용하여 밴드를 만든 후 마우스 오른쪽 버튼을 눌러 [맨 뒤로 보내기]를 클릭합니다.

※ 밴드(모서리가 둥근 직사각형) 도형의 채우기 색상은 검정색 계열로 변경해주세요.

❻ [기본 도형]-[달(☾)]을 이용하여 왼쪽 캐릭터의 입을 만들어봅니다.

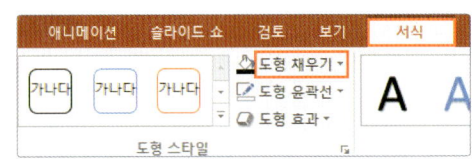

• 도형 채우기 : 검정색 계열

캐릭터의 몸통 만들기

❶ [사각형]-[직사각형(□)]을 이용하여 캐릭터의 다리를 만듭니다.

❷ [순서도]-[순서도: 지연(D)]을 이용하여 캐릭터의 발을 만듭니다.

  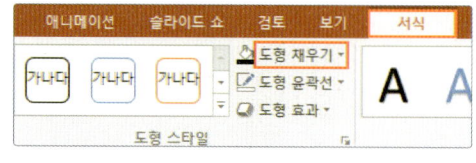

● 도형 채우기 : 검정색 계열

❸ [사각형]-[모서리가 둥근 직사각형(□)]을 이용하여 캐릭터의 몸통을 만듭니다.

❹ [사각형]-[직사각형(□)]을 이용하여 어깨 끈을 만든 후 마우스 오른쪽 버튼을 눌러 [맨 뒤로 보내기]를 클릭합니다.

❺ [기본 도형]-[타원(○)]을 이용하여 단추를 만들어 몸통을 완성합니다.

 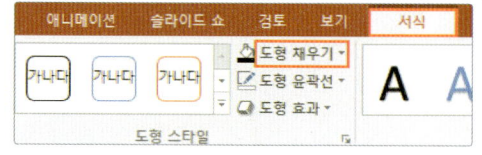

① 도형 채우기 : 파란색 계열

② 도형 채우기 : 파란색 계열

③ 도형 채우기 : 검정색 계열

❻ 다음과 같이 드래그하여 몸통에 사용된 도형을 모두 선택한 후 마우스 오른쪽 버튼을 눌러 [그룹화]-[그룹]을 클릭합니다.

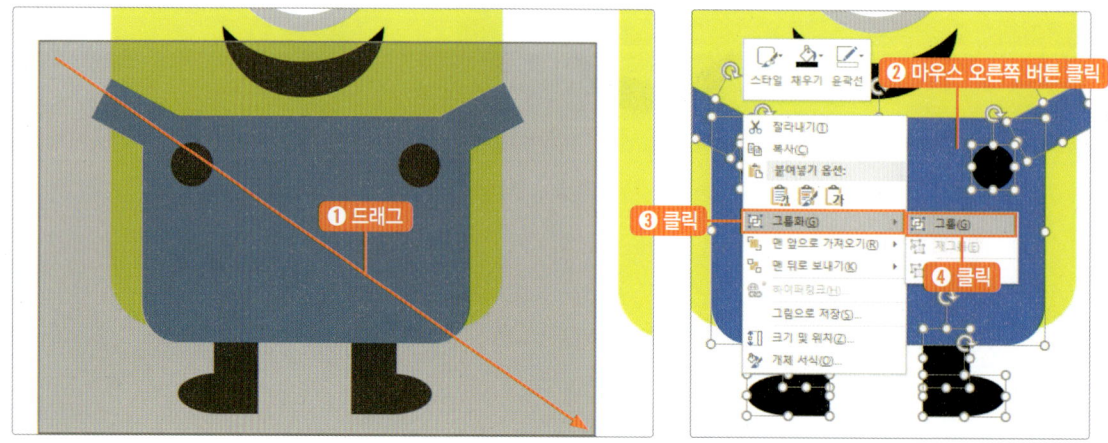

CHAPTER 23 혼자서 뚝딱 뚝딱!

📁 불러올 파일 : 없음   📄 완성된 파일 : 23일차_연습(완성).pptx

1 오른쪽 캐릭터를 완성해보세요.

※ 본문 학습에 작성된 파일을 이어서 작업하세요. 만약 파일이 없을 경우에는 '23일차_연습.pptx'를 열어 작업할 수 있어요!

① 왼쪽 캐릭터의 몸통을 복사하여 오른쪽 캐릭터의 몸통을 만듭니다.
② [기본 도형]-[타원(○)]을 이용하여 눈을 만듭니다.
  ※ 타원 3개를 이용하여 눈을 만들어요! (회색 계열, 흰색 계열, 검정색 계열)
③ [기본 도형]-[달(☽)]을 삽입한 후 조절점(○)을 이용하여 눈꺼풀을 만듭니다.
④ [사각형]-[모서리가 둥근 직사각형(□)]을 이용하여 밴드를 만듭니다.
⑤ [기본 도형]-[타원(○)]을 이용하여 입을 만듭니다.
⑥ [서식]-[도형 스타일]-[도형 효과]-[입체 효과]에서 원하는 입체 효과를 적용합니다.
  ※ Ctrl + A 키를 눌러 모든 도형을 한 번에 선택할 수 있어요.

2 도형 또는 온라인 그림을 이용하여 배경을 예쁘게 꾸며보세요.

CHAPTER 24 단원 종합 평가 문제

학 습 목 표

- 17일차~23일차에서 배운 내용을 평가해봅니다.

선생님 확인	부모님 확인

1 그림과 같이 모든 개체의 선택을 한 번에 해제할 때 사용하는 키는 무엇인가요?

❶ F5   ❷ Esc   ❸ Shift   ❹ Ctrl

2 그림과 같이 파워포인트의 [슬라이드 쇼] 상태에서 도형이나 실행 단추를 클릭하면 지정된 특정 슬라이드로 한 번에 이동할 수 있는 기능은 무엇일까요?

❶ 도형 병합   ❷ 하이퍼링크   ❸ 애니메이션   ❹ 워드아트

3 다음 중 도형의 이름과 모양이 다르게 연결된 것은 무엇인가요?

❶ ▶ [기본 도형]-[달]   ❷ ╲ ▶ [선]-[양방향 화살표]

❸  ▶ [순서도]-[순서도: 가산 접합]   ❹  ▶ [기본 도형]-[하트]

4 변경 후 도형에 적용되지 않은 기능은 무엇인가요?

❶ 글꼴 변경

❷ 입체 효과

❸ 윤곽선 없음

❹ 색 채우기

▲ 변경 전

▲ 변경 후

5 작업 순서를 참고하여 아래 그림과 같이 슬라이드를 완성하세요.

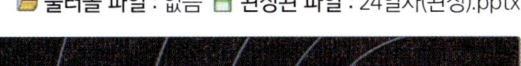

〈작업 순서〉

❶ [사용자 지정 슬라이드 크기] 지정 → 슬라이드 크기 : A4 용지(210×297mm) / 방향 : 세로

❷ [레이아웃]-[빈 화면] 선택

❸ [배경 서식]-[그림 또는 질감 채우기]-'우주배경' 그림으로 지정

❹ [WordArt]를 이용하여 '신비한 우주 세계' 입력 → 글꼴 서식 변경

❺ [그림]-'우주그림' 그림 삽입 → [자르기] 기능을 이용하여 필요한 그림 자르기 → 크기 및 위치 변경

MEMO